FÁBIO SILVA

SEJA FODA EM DIREITO CONSTITUCIONAL

Nacionalidade, Direitos Políticos, Organização Política do Estado e Repartição de Competências

Agradecimentos

A todos os milhares de alunos que possuo nas redes sociais (Youtube, Facebook e Instagram), totalizando quase 500 mil seguidores/inscritos, muito obrigado pela confiança em meu trabalho, prometo que não vou decepcioná-los, estaremos juntos até a posse.

Dedicatória

Dedicado a uma princesinha chamada Valentina, que com a sua chegada em minha vida, me inspirou a deixar esta contribuição para todos aqueles que desejam vencer na vida através dos seus próprios méritos. Maior ensinamento que quero deixar para você.

SUMÁRIO

NACIONALIDADE 11

   1. Conceito 13

   2. Critérios de Aquisição de Nacionalidade 14

   3. Nacionalidade Nata ou de 1º. Grau 14

   4. Nacionalidade Secundária (Naturalização) 15

   5. Distinções constitucionais entre brasileiros natos e naturalizados ... 17

   6. Perda da nacionalidade 19

   7. Questões de Nacionalidade 21

   8. Questões Comentadas de Nacionalidade 35

DIREITOS POLÍTICOS 67

   1. Introdução 69

   2. Democracia Direta: Plebiscito, Referendo e Iniciativa Popular ... 69

   3. Sufrágio e Voto 72

   4. Capacidade eleitoral ativa 73

   5. Capacidade Eleitoral Passiva 75

   6. Inelegibilidades 77

   7. Impugnação de Mandato Eletivo 85

   8. Perda e Suspensão dos Direitos Políticos 86

   9. Princípio da Anterioridade Eleitoral 88

   10. Questões de Direitos Políticos 88

11. Questões Comentadas de Direitos Políticos   99

PARTIDOS POLÍTICOS   123

1. Princípio da Liberdade de Criação de Partidos Políticos   125

2. Conceito de Partidos Políticos segundo José Afonso da Silva (Conceito mais cobrado em provas)   126

3. Procedimento de criação de partido político   126

4. Fundo Partidário (Cláusula de Barreira)   127

5. Fidelidade Partidária   130

6. Questões de Partidos Políticos   130

7. Questões Comentadas de Partidos Políticos   134

ORGANIZAÇÃO POLÍTICO-ADMINISTRATIVA   145

1. Forma de Estado, Forma de Governo e Sistema de Governo   147

2. Autonomias dos Entes Federativos: União, Estados, Municípios e Distrito Federal   148

3. Capital Federal: Brasília   149

4. Territórios Federais   149

5. Reorganização de Estados e Municípios   150

6. Vedações   151

7. Bens da União   152

8. Bens dos Estados   154

REPARTIÇÃO DE COMPETÊNCIAS   155

1. Repartição de Competência Horizontal e Vertical   157

2. Princípio da Predominância do Interesse   158

3. Distribuição de Competências					158

4. Poder Legislativo dos Estados e Distrito Federal		172

5. Poder Legislativo Municipal					175

6. Dos Territórios Federais					179

7. Questões de Organização do Estado				181

8. Questões Comentadas de Organização do Estado		195

SOBRE O AUTOR							231

CAPÍTULO I

NACIONALIDADE

1. CONCEITO

A nacionalidade é um vínculo jurídico-político, que liga uma pessoa a determinado país.

Cada País define suas próprias regras para atribuir ou não a nacionalidade. A Constituição de cada país define os critérios de nacionalidade.

Dessa forma, cada Nação terá os seus nacionais, definidos como do "povo", conceito mais restrito que o de "população", está abrangendo, além dos nacionais, também os estrangeiros, migrantes legais e ilegais e apátridas.

Povo	População
Conceito que abrange os natos e naturalizados.	Conceito que abrange natos, naturalizados e estrangeiros residentes no país, bem como os apátridas.

Apátrida, palavrinha feia, não é? Trata-se de pessoa "sem pátria", ou seja, sendo o indivíduo, que por qualquer razão, não adquiriu nacionalidade, por não conseguir se enquadrar em qualquer regra formal de atribuição de nacionalidade. Sempre dou como exemplo pessoas que venham a nascer na Itália, sendo seus país brasileiros e de férias. A Itália utiliza o critério sanguíneo de nacionalidade, sendo italiano apenas quem tem descendência italiana, coisa que não acontece com nosso exemplo, justo por isso, no ato do nascimento, a criança filha de brasileiros nascida na Itália será apátrida. Mais adiante vamos estudar que esta criança poderá ser considerada brasileira nata, mas no caso acima, na hora do nascimento, ela não possui pátria alguma.

2. CRITÉRIOS DE AQUISIÇÃO DE NACIONALIDADE

Primeiramente vamos entender o que vem a ser a chamada Nacionalidade Originária e Nacionalidade Derivada:

Nacionalidade Originária	Nacionalidade Derivada (Secundária)
Brasileiro Nato	Brasileiro Naturalizado
Critérios de Definição: a) Ius Solis b) Ius Sanguinis c) Ius Domicilli	

O critério do **ius soli**: confere a nacionalidade àquele que nascer no solo do país, ou em suas representações diplomáticas no exterior, ou embarcações militares, navios mercantes etc, independentemente da nacionalidade dos pais;

O critério do **ius sanguinis**: atribui a nacionalidade àquele que for descendente do nacional daquele país (critério do sangue).

O critério do **ius Domicilli**: aqui, o domicílio é o componente, quando o filho nasce no exterior e depois opta pela nacionalidade brasileira, em qualquer idade, depois de atingida a maioridade, por vir residir no Brasil em qualquer idade, desde que tenha mãe o pai brasileiros (art. 12, I, "c", CF).

3. NACIONALIDADE NATA OU DE 1º. GRAU

O Brasil adotou o ius soli, como regra, segundo o qual são brasileiros natos os nascidos em território brasileiro, com algumas exceções, abrangendo o critério funcional, de acordo com o art. 12, I, da Constituição:

> *Art. 12. São brasileiros:*
>
> *I - natos:*
>
> *a) os nascidos na República Federativa do Brasil, ainda que de pais estrangeiros, desde que estes não estejam a serviço de seu país;*
>
> *b) os nascidos no estrangeiro, de pai brasileiro ou mãe brasileira, desde que qualquer deles esteja a serviço da República Federativa do Brasil;*
>
> *c) os nascidos no estrangeiro de pai brasileiro ou de mãe brasileira, desde que sejam registrados em repartição brasileira competente ou venham a residir na República Federativa do Brasil e optem, em qualquer tempo, depois de atingida a maioridade, pela nacionalidade brasileira;*

Portanto, o critério do ius soli fica afastado nas hipóteses do nascituro ter sido registrado em repartição brasileira oficial no estrangeiro, da mãe ou o pai estar a serviço oficial da República no estrangeiro e aqueles que nascerem em solo nacional mas cujos pais estejam a serviço de Estado estrangeiro, caso em que não serão considerados brasileiros.

4. NACIONALIDADE SECUNDÁRIA (NATURALIZAÇÃO)

Tratam-se de casos que estrangeiros e apátrida vão optar pela nacionalidade brasileira conforme art. 12, II, da Constituição:

> *Art. 12 São brasileiros:*
>
> *II - naturalizados:*
>
> *a) os que, na forma da lei, adquiram a nacionalidade brasileira, exigidas aos originários de países de língua*

> *portuguesa apenas residência por um ano ininterrupto e idoneidade moral; (também denominada de naturalização ordinária)*
>
> *b) os estrangeiros de qualquer nacionalidade, residentes na República Federativa do Brasil há mais de quinze anos ininterruptos e sem condenação penal, desde que requeiram a nacionalidade brasileira (naturalização extraordinária ou quinzenária)*

Regra para naturalização para estrangeiros originários de países de língua portuguesa:

a) 1 ano de residência ininterrupta no Brasil.

b) Idoneidade Moral.

Reciprocidade entre Brasil e Portugual (Brasileiros Equiparados)

> *§ 1º Aos portugueses com residência permanente no País, se houver reciprocidade em favor de brasileiros, serão atribuídos os direitos inerentes ao brasileiro, salvo os casos previstos nesta Constituição.*

a) Se houver reciprocidade entre Brasil e Portugal.

b) Portugueses gozarão de privilégios de brasileiro naturalizado.

Cuidado concurseiros, neste caso dos portugueses, quando existe reciprocidade entre os país, serão atribuídos direitos de brasileiro naturalizado, nunca de brasileiro nado.

5. DISTINÇÕES CONSTITUCIONAIS ENTRE BRASILEIROS NATOS E NATURALIZADOS

A Constituição buscou ainda estabelecer uma isonomia entre os brasileiros natos e naturalizados, no § 2º do art. 12:

> Art. 12. § 2º - A lei não poderá estabelecer distinção entre brasileiros natos e naturalizados, salvo nos casos previstos nesta Constituição.

Vamos para as exceções constitucionais:

Primeiro caso de cargos exclusivos para brasileiro nato é o MP3. COM

M	Ministro do STF
P3 (Aqui serão 3 presidentes)	• Presidente da República e Vice • Presidente da Câmara dos Deputados • Presidente do Senado Federal
C	Carreiras Diplomáticas
O	Oficiais das Forças Armadas
M	Ministro de Estado da Defesa

Uma das exceções está justamente na reserva de determinados cargos políticos para brasileiros natos, prevista no § 3º do art. 12. O quadro destacado logo a seguir apresenta outras prerrogativas inerentes ao brasileiro nato:

> Art. 12. § 3º - São privativos de brasileiro nato os cargos:
>
> I - de Presidente e Vice-Presidente da República;
>
> II - de Presidente da Câmara dos Deputados;
>
> III - de Presidente do Senado Federal;
>
> IV - de Ministro do Supremo Tribunal Federal;

V - da carreira diplomática;

VI - de oficial das Forças Armadas;

VII - de Ministro de Estado da Defesa.

Vamos analisar algumas "pegadinhas" muito cobradas em provas de concursos públicos:

São também cargos privativos de brasileiro nato:

• Presidente e Vice-Presidente do Tribunal Superior Eleitoral (que são originários do Supremo Tribunal Federal, nos termos do parágrafo único do art. 119 da CF)

• Presidente do Conselho Nacional de Justiça (que é o Presidente do STF, nos termos do art. 103-B, I).

• Conselho da República, órgão superior de consulta do Presidente da República, possui, dentre seus membros, seis cidadãos brasileiros natos, com mais de trinta e cinco anos de idade, sendo dois nomeados pelo Presidente da República, dois eleitos pelo Senado Federal e dois eleitos pela Câmara dos Deputados, todos com mandato de três anos, vedada a recondução (art. 89, VII, CF).

• Proprietário de empresa jornalística ou de radiodifusão deve ser brasileiro nato, salvo naturalizado há mais de 10 anos (Art. 222, CF)

Podemos ter brasileiros naturalizados:

• Governadores e Prefeitos

• Deputados Federais e Senadores (Só tomem cuidado, pois um deputado federal ou um senador naturalizados nunca poderão ocupar a presidência de suas casas legislativas).

• Membros do Superior Tribunal de Justiça.

• Ministros de Estado, salvo ministro de Estado da Defesa.

6. PERDA DA NACIONALIDADE

Estabelece o § 4º do art. 12 da Constituição:

> *Art. 12. § 4º - Será declarada a perda da nacionalidade do brasileiro que:*
>
> *I - tiver cancelada sua naturalização, por sentença judicial, em virtude de atividade nociva ao interesse nacional;*
>
> *II - adquirir outra nacionalidade, salvo nos casos:*
>
> *a) de reconhecimento de nacionalidade originária pela lei estrangeira;*
>
> *b) de imposição de naturalização, pela norma estrangeira, ao brasileiro residente em estado estrangeiro, como condição para permanência em seu território ou para o exercício de direitos civis;*

Portanto, qualquer brasileiro que adquirir voluntariamente outra nacionalidade, sem se encontrar nos casos acima, perderá a nacionalidade brasileira.

Por exemplo, em alguns países, jogadores brasileiros só podem jogar futebol em times locais se forem naturalizados, neste caso, tais jogadores estão sendo obrigados a se naturalizar, justo por isso não vão perder a nacionalidade brasileira.

Pergunta que gostaria de fazer para vocês: É possível uma pessoa possuir mais de uma nacionalidade originária, por exemplo, pode a pessoa ser brasileiro nato e italiano nato ao mesmo tempo?

Sim, perfeitamente, por exemplo, criança nascida no Brasil de mãe brasileira e pai italiano, poderá possuir as duas nacionalidades natas, pois para a Itália, será italiano nato a pessoa que for descendente de italiano, não importando o lugar onde venha nascer.

Procedimento da Perda da Nacionalidade

A perda da nacionalidade brasileira, na hipótese do art. 12, § 4º, II, da Constituição, ocorre por meio de Decreto do Presidente da República, por força do art. 23, da Lei 818/1949 ou do Ministro da Justiça, conforme decidido pelo Supremo Tribunal Federal, tendo o ato caráter declaratório, mas com efeitos ex nunc.

Reaquisição da nacionalidade

Quanto à reaquisição da nacionalidade, dispõe o art. 76 da Lei de Migração (Lei 13.445/2017), que substituiu o Estatuto do Estrangeiro:

> *Art. 76. O brasileiro que, em razão do previsto no inciso II do § 4º do art. 12 da Constituição Federal, houver perdido a nacionalidade, uma vez cessada a causa, poderá readquiri-la ou ter o ato que declarou a perda revogado, na forma definida pelo órgão competente do Poder Executivo.*

E se o brasileiro nato, que tendo perdido a nacionalidade brasileira em razão da aquisição de outra nacionalidade, readquiri-la mediante o atendimento dos requisitos necessários terá o status de brasileiro naturalizado ou nato?

Segundo o Supremo Tribunal Federal, em decisão firmada antes mesmo da Constituição Federal de 1988, e ainda válida, a reaquisição da nacionalidade, por brasileiro nato, implica manter esse status e não o de naturalizado (Ext 441, Relator(a): Min. Néri da Silveira, Tribunal Pleno, julgado em 18/06/1986).

Perda da naturalização

Ocorrerá apenas por motivo de sentença judicial por atividade nociva ao interesse nacional.

Tome muito cuidado, pois as banca frequentemente confundem este caso de perda da nacionalidade com extradição de brasileiro naturalizado:

> *LI - nenhum brasileiro será extraditado, salvo o naturalizado, em caso de crime comum, praticado antes da naturalização, ou de comprovado envolvimento em tráfico ilícito de entorpecentes e drogas afins, na forma da lei;*

Perda da nacionalidade para brasileiro naturalizado	Extradição de brasileiro naturalizado
Cancelamento da naturalização por atividade nociva ao interesse nacional.	Caso de crime comum, praticado antes da naturalização, ou de comprovado envolvimento em tráfico ilícito de entorpecentes e drogas afins, na forma da lei;

7. QUESTÕES DE NACIONALIDADE

Questão 1: FGV - Cont (SEFIN RO)/SEFIN RO/2018

Luca nasceu em território brasileiro. Seus pais tinham nacionalidade italiana e, na ocasião, estavam a serviço de uma conhecida indústria de automóvel com sede na Itália.

Logo após o nascimento, Luca retornou para a Itália. Após completar dezoito anos de idade, decidiu viver na República Federativa do Brasil e seguir carreira política.

À luz da sistemática constitucional afeta à nacionalidade, é correto afirmar que Luca

a) não é brasileiro, pois é filho de pais italianos; logo, para candidatar-se a um cargo eletivo, deveria naturalizar-se.

b) é brasileiro nato, por ter nascido no território brasileiro, podendo candidatar-se a qualquer cargo eletivo.

c) é brasileiro nato, desde que não tenha sido registrado na Itália, podendo candidatar-se a qualquer cargo eletivo.

d) é brasileiro nato, desde que optante pela nacionalidade brasileira, podendo candidatar-se a qualquer cargo eletivo.

e) é brasileiro naturalizado, pois passou a residir no Brasil após a maioridade, o que limita as possibilidades de candidatura.

Questão 2: AOCP - Cad (PM TO)/PM TO/2018

ASSUNTO: ESPÉCIES DE NACIONALIDADE (BRASILEIROS NATOS E NATURALIZADOS)

São brasileiros naturalizados:

a) os nascidos na República Federativa do Brasil, ainda que de pais estrangeiros, desde que estes não estejam a serviço de seu país.

b) os nascidos no estrangeiro, de pai brasileiro ou mãe brasileira, desde que qualquer deles esteja a serviço da República Federativa do Brasil.

c) os nascidos no estrangeiro de pai brasileiro ou de mãe brasileira, desde que sejam registrados em repartição brasileira competente ou venham a residir na República Federativa do Brasil e optem, em qualquer tempo, depois de atingida a maioridade, pela nacionalidade brasileira.

d) os que, na forma da lei, adquiram a nacionalidade brasileira, exigidas aos originários de países de língua portuguesa apenas residência por um ano ininterrupto e idoneidade moral.

e) os estrangeiros de qualquer nacionalidade, residentes na República Federativa do Brasil há mais de dez anos ininterruptos e sem condenação penal, desde que requeiram a nacionalidade brasileira.

Questão 3: FGV - TJ (TJ AL)/TJ AL/Judiciária/2018

ASSUNTO: ESPÉCIES DE NACIONALIDADE (BRASILEIROS NATOS E NATURALIZADOS)

Peter, filho de cidadãos norte-americanos, nasceu em Alagoas quando seus pais ali estavam em gozo de férias. Após o nascimento, foi para os Estados Unidos da América do Norte e jamais retornou à República Federativa do Brasil.

À luz da sistemática constitucional, Peter:

a) é brasileiro nato;

b) é brasileiro naturalizado;

c) é brasileiro nato, desde que requeira a nova nacionalidade aos 18 anos de idade;

d) é brasileiro naturalizado, se requerer a naturalização aos 18 anos de idade;

e) não é brasileiro.

Questão 4: CESPE - AI (ABIN)/ABIN/2018

ASSUNTO: ESPÉCIES DE NACIONALIDADE (BRASILEIROS NATOS E NATURALIZADOS)

Julgue o item seguinte, relativo ao direito de nacionalidade.

Os indivíduos que possuem multinacionalidade vinculam-se a dois requisitos de aquisição de nacionalidade primária: o direito de sangue e o direito de solo.

Certo

Errado

Questão 5: CESPE - AI (ABIN)/ABIN/2018

ASSUNTO: ESPÉCIES DE NACIONALIDADE (BRASILEIROS NATOS E NATURALIZADOS)

Julgue o item seguinte, relativo ao direito de nacionalidade.

Considera-se hipótese excepcional de quase nacionalidade aquela que depende tanto da manifestação da vontade do estrangeiro quanto da aquiescência do chefe do Poder Executivo.

Certo

Errado

Questão 6: VUNESP - Inv (PC BA)/PC BA/2018

ASSUNTO: ESPÉCIES DE NACIONALIDADE (BRASILEIROS NATOS E NATURALIZADOS)

Imagine que Marieta, brasileira nata, e Roger, americano nato, estejam residindo atualmente nos Estados Unidos, período em que ocorre o nascimento de Lucas, filho deles. Nessa situação, nos termos da disposição da Constituição acerca da nacionalidade, é correto afirmar que

a) caso Marieta esteja nos Estados Unidos a serviço da República Federativa do Brasil, o seu filho será considerado como brasileiro nato.

b) ainda que Lucas seja registrado perante o Consulado Brasileiro, não será considerado como brasileiro nato ou naturalizado, já que o Brasil adota como único critério o jus soli.

c) para ser considerado brasileiro naturalizado, Lucas deverá passar a residir no Brasil por pelo menos 1 (um) ano ininterrupto e possuir idoneidade moral.

d) Lucas poderá ser considerado brasileiro nato desde que venha a residir no Brasil e, depois de 10 (dez) anos ininterruptos de residência, opte pela nacionalidade brasileira.

e) para ser considerado brasileiro nato, basta que Lucas, a qualquer tempo, depois de atingir a idade mínima de 16 (dezesseis) anos, venha a residir no Brasil e opte pela nacionalidade brasileira.

Questão 7: VUNESP - Proc (FAPESP)/FAPESP/2018

ASSUNTO: ESPÉCIES DE NACIONALIDADE (BRASILEIROS NATOS E NATURALIZADOS)

Paulo é estrangeiro, residente no Brasil há 19 anos ininterruptos, mas tem uma condenação criminal na justiça brasileira e pretende obter a sua naturalização como cidadão brasileiro. Nos moldes da Constituição Federal, Paulo

a) não tem direito à naturalização, independentemente de sua nacionalidade de origem, uma vez que, embora preencha o requisito de tempo de residência no Brasil, não pode ter condenação criminal.

b) tem direito à naturalização, independentemente de sua nacionalidade de origem, pois preenche os requisitos constitucionais de tempo de residência e a condenação criminal não o impede de obtê-la.

c) não tem direito à naturalização, uma vez que não preenche o requisito constitucional de tempo mínimo de residência no Brasil.

d) terá direito à naturalização se a sua nacionalidade de origem for portuguesa, uma vez que preenche os demais requisitos para obtê-la.

e) terá direito de obter a naturalização, independentemente de sua nacionalidade de origem, desde que a condenação criminal não tenha sido em decorrência de crime político ou de tráfico de entorpecentes ou drogas afins, pois atende os demais requisitos para obtê-la.

Questão 8: FCC - Tec Leg (ALESE)/ALESE/Apoio Técnico Administrativo/2018

ASSUNTO: ESPÉCIES DE NACIONALIDADE (BRASILEIROS NATOS E NATURALIZADOS)

São brasileiros

a) natos os nascidos na República Federativa do Brasil, ainda que de pais estrangeiros que estejam a serviço de seu país.

b) natos os nascidos no estrangeiro, de pai brasileiro ou mãe brasileira, desde que ambos estejam a serviço da República Federativa do Brasil.

c) natos os nascidos no estrangeiro de pai brasileiro ou de mãe brasileira, desde que sejam registrados em repartição brasileira competente ou venham a residir na República Federativa do Brasil e optem, quando completarem 21 anos, pela nacionalidade brasileira.

d) naturalizados os estrangeiros de qualquer nacionalidade, residentes na República Federativa do Brasil há mais de cinco anos ininterruptos e sem condenação penal, desde que requeiram a nacionalidade brasileira.

e) naturalizados os que, na forma da lei, adquiram a nacionalidade brasileira, exigidas aos originários de países de língua portuguesa apenas residência por um ano ininterrupto e idoneidade moral.

Questão 9: IBFC - Proc (Divinópolis)/Pref Divinópolis/2018

ASSUNTO: ESPÉCIES DE NACIONALIDADE (BRASILEIROS NATOS E NATURALIZADOS)

No que diz respeito à nacionalidade, assinale a alternativa correta:

a) são brasileiros naturalizados os nascidos em país estrangeiro, filho de mãe brasileira, uma vez registrados no respectivo consulado brasileiro

b) são considerados brasileiros natos os que nascem em território nacional, a menos que, tratando-se de filhos de pais estrangeiros, estejam estes no Brasil, a serviço de seu país

c) consideram-se brasileiros naturalizados os estrangeiros que prestem serviço por mais de 15 (quinze) anos a entidade brasileira da administração pública direta

d) são considerados brasileiros natos aqueles que tenham nascido no estrangeiro, desde que descendentes de brasileiros

Questão 10: IBFC - AuxLg (CM F Santana)/CM Feira de Stana/Administrativo/2018

ASSUNTO: ESPÉCIES DE NACIONALIDADE (BRASILEIROS NATOS E NATURALIZADOS)

Leia atentamente os itens abaixo e assinale a alternativa correta sobre como é designado o sujeito que não tem nacionalidade.

a) Apátrida ou estrangeiro residente

b) Apátrida ou Heimatlos

c) Nacional inato

d) Pátrida ou optante de nacionalidade vazia

Questão 11: FCC - AJ TRT15/TRT 15/Administrativa/"Sem Especialidade"/2018

ASSUNTO: ESPÉCIES DE NACIONALIDADE (BRASILEIROS NATOS E NATURALIZADOS)

O vínculo jurídico político que liga um indivíduo a um certo e determinado Estado, fazendo deste indivíduo um componente do povo e capacitando-o a exigir sua proteção e sujeitando-o ao cumprimento de deveres impostos é denominado

a) soberania.

b) nacionalidade.

c) dignidade humana.

d) legitimidade ativa.

e) elegibilidade.

Questão 12: FGV - Tec (MPE AL)/MPE AL/Geral/2018

ASSUNTO: ESPÉCIES DE NACIONALIDADE (BRASILEIROS NATOS E NATURALIZADOS)

Peter, filho de John e Mary, ambos de nacionalidade norte-americana, nasceu no território brasileiro quando seus pais, trabalhadores em uma indústria nos Estados Unidos da América, aqui estavam em gozo de férias.

Utilizando-se as normas constitucionais afetas à nacionalidade como referência, é correto afirmar que Peter

a) pode optar pela nacionalidade brasileira quando completar dezoito anos de idade, pois nasceu no território brasileiro.

b) é brasileiro naturalizado, isto por ter nascido no território brasileiro, mas ser filho de estrangeiros.

c) é brasileiro nato, pois nasceu no território brasileiro e os seus pais não estavam a serviço do seu país.

d) pode optar a qualquer tempo pela nacionalidade brasileira, pois nasceu no território brasileiro.

e) não tem nacionalidade brasileira, mas pode solicitar que o governo brasileiro a defira.

Questão 13: FCC - Con Tec Leg (CL DF)/CL DF/Inspetor de Polícia Legislativa/2018

ASSUNTO: ESPÉCIES DE NACIONALIDADE (BRASILEIROS NATOS E NATURALIZADOS)

Hanna, filha de mãe brasileira e pai estrangeiro, nasceu fora do Brasil, enquanto seus pais estavam de férias no exterior, e não foi registrada em repartição brasileira. Durante parte de sua infância e adolescência, Hanna viveu em diferentes países e, quando completou quinze anos, veio com sua família para o Brasil para aqui ficar em definitivo. Já no Brasil, Hanna conheceu Jacinta, uma africana de 35 anos, oriunda de país que tem o idioma português como oficial, que manifestou a ela o desejo de se tornar brasileira, incentivando Hanna a fazer o mesmo. Considerando apenas os dados aqui fornecidos, de acordo com a Constituição Federal, Hanna

a) não será considerada brasileira nata, pois não houve o registro na repartição brasileira quando de seu nascimento, mas poderá naturalizar-se se cumpridos os requisitos legais para tanto, ao passo que Jacinta poderá naturalizar-se brasileira se comprovar residência ininterrupta por, no mínimo, quinze anos no Brasil e idoneidade moral, e desde que não tenha condenação à pena de reclusão.

b) não será considerada brasileira nata, pois não houve o registro na repartição brasileira quando de seu nascimento, mas poderá naturalizar-se se cumpridos os requisitos legais para tanto, ao passo que Jacinta poderá naturalizar-se brasileira se comprovar residência ininterrupta por, no mínimo, dois anos no Brasil e idoneidade moral.

c) será considerada brasileira nata se optar, até quatro anos depois de atingida a maioridade, pela nacionalidade brasileira, ao passo que Jacinta poderá naturalizar-se brasileira se comprovar residência ininterrupta por, no mínimo, quinze anos no Brasil e idoneidade moral, e desde que não tenha condenação penal.

d) será considerada brasileira nata se optar, em qualquer tempo, depois de atingida a maioridade, pela nacionalidade brasileira, ao passo que Jacinta poderá adquirir a nacionalidade brasileira, na forma da lei, tornando-se brasileira naturalizada se comprovar residência ininterrupta por, no mínimo, um ano no Brasil e idoneidade moral.

e) será considerada brasileira nata se optar, em qualquer tempo, depois de adquirida a capacidade civil, pela nacionalidade brasileira, ao passo que Jacinta poderá naturalizar-se brasileira se comprovar residência ininterrupta por, no mínimo, cinco anos no Brasil e idoneidade moral.

Questão 14: FGV - Cons Leg (ALERO)/ALERO/Assessoramento Legislativo/2018

ASSUNTO: ESPÉCIES DE NACIONALIDADE (BRASILEIROS NATOS E NATURALIZADOS)

Peter nasceu na Áustria no período em que sua mãe, Maria, brasileira nata, servidora da União, fora designada para trabalhar na embaixada brasileira naquele país. Como Maria era casada com Hans, de nacionalidade austríaca, Peter também tinha a nacionalidade do pai, jamais tendo residido no território brasileiro.

Ao completar trinta anos de idade, Peter consultou um advogado sobre a possibilidade de se candidatar a um mandato eletivo no Brasil, na eleição a ser realizada no ano seguinte, tendo sido informado, corretamente, que

a) os estrangeiros, como Peter, não podem concorrer a um mandato eletivo.

b) sendo brasileiro nato, pode concorrer aos cargos eletivos privativos de brasileiro nato.

c) somente teria nacionalidade brasileira se a lei da Áustria não reconhecesse a sua nacionalidade austríaca originária.

d) pode optar pela nacionalidade brasileira caso venha a residir no país, podendo concorrer a todos os cargos eletivos.

e) caso venha a se naturalizar brasileiro, poderá concorrer a todos os cargos eletivos não privativos de brasileiro nato.

Questão 15: FUNDATEC - Tec Leg (ALERS)/ALERS/2018

ASSUNTO: DISTINÇÕES CONSTITUCIONAIS ENTRE BRASILEIROS NATOS E NATURALIZADOS

De acordo com os direitos de nacionalidade previstos na Constituição Federal, assinale a alternativa que indica cargos públicos privativos de brasileiro nato.

a) Deputado Estadual e Senador da República.

b) Ministro de Estado da Defesa e da Segurança Pública.

c) Presidente da República e Deputado Estadual.

d) Vice-Presidente da República e Presidente do Supremo Tribunal Federal.

e) Senador da República e Deputado Federal.

Questão 16: VUNESP - Tec Leg (CMSJC)/CM SJC/2018

ASSUNTO: DISTINÇÕES CONSTITUCIONAIS ENTRE BRASILEIROS NATOS E NATURALIZADOS

Nos termos da Constituição Federal de 1988, são privativos de brasileiro nato os cargos

a) de Presidente da República, de Deputado Federal e de Senador da República.

b) de Ministro do Supremo Tribunal Federal, da carreira diplomática e de oficial das Forças Armadas.

c) de Presidente da Câmara dos Deputados, de Presidente do Senado Federal e de Presidente do Tribunal de Contas da União.

d) de Ministro do Supremo Tribunal Federal, de Ministro da Defesa e de Ministro da Justiça.

e) de Prefeito, de Vereador e de Juiz de Direito.

Questão 17: FUMARC - Del Pol (PC MG)/PC MG/2018

ASSUNTO: DISTINÇÕES CONSTITUCIONAIS ENTRE BRASILEIROS NATOS E NATURALIZADOS

NÃO constitui cargo privativo de brasileiro nato:

a) Ministro de Estado da Defesa.

b) Oficial das Forças Armadas.

c) Presidente da Câmara dos Deputados.

d) Senador da República.

Questão 18: FGV - TJ Aux (TJ SC)/TJ SC/2018

ASSUNTO: DISTINÇÕES CONSTITUCIONAIS ENTRE BRASILEIROS NATOS E NATURALIZADOS

Jean, brasileiro naturalizado, que adquiriu grande popularidade em razão de suas atividades filantrópicas, decidiu concorrer a um cargo eletivo. No entanto, estava em dúvida se concorreria ao cargo de Vice-Presidente da República, de Governador ou Senador.

À luz da sistemática constitucional, Jean poderia concorrer apenas ao(s) cargo(s) de:

   a) Vice-Presidente e Governador;

   b) Governador e Senador;

   c) Vice-Presidente;

   d) Governador;

   e) Senador.

Questão 19: COPESE-UFT - Proc (CM Palmas)/CM Palmas/2018

ASSUNTO: DISTINÇÕES CONSTITUCIONAIS ENTRE BRASILEIROS NATOS E NATURALIZADOS

Nos termos da Constituição Federal de 1988, são privativos de brasileiro nato os cargos, EXCETO:

   a) o de Presidente da República.

   b) o de Oficial das Forças Armadas.

   c) o de Carreira Diplomática.

   d) o de Membro da Câmara dos Deputados.

Questão 20: CESPE - PCF/PF/Área 1/2018

ASSUNTO: DISTINÇÕES CONSTITUCIONAIS ENTRE BRASILEIROS NATOS E NATURALIZADOS

Com relação aos direitos e às garantias fundamentais previstos na Constituição Federal de 1988, julgue o item a seguir.

Ainda que, em regra, inexista distinção entre brasileiros natos e naturalizados, o cargo de oficial das Forças Armadas só poderá ser exercido por brasileiro nato.

Certo

Errado

8. QUESTÕES COMENTADAS DE NACIONALIDADE

Questão 1: FGV - Cont (SEFIN RO)/SEFIN RO/2018

ASSUNTO: ESPÉCIES DE NACIONALIDADE (BRASILEIROS NATOS E NATURALIZADOS)

Luca nasceu em território brasileiro. Seus pais tinham nacionalidade italiana e, na ocasião, estavam a serviço de uma conhecida indústria de automóvel com sede na Itália.

Logo após o nascimento, Luca retornou para a Itália. Após completar dezoito anos de idade, decidiu viver na República Federativa do Brasil e seguir carreira política.

À luz da sistemática constitucional afeta à nacionalidade, é correto afirmar que Luca

    a) não é brasileiro, pois é filho de pais italianos; logo, para candidatar-se a um cargo eletivo, deveria naturalizar-se.

b) é brasileiro nato, por ter nascido no território brasileiro, podendo candidatar-se a qualquer cargo eletivo.

c) é brasileiro nato, desde que não tenha sido registrado na Itália, podendo candidatar-se a qualquer cargo eletivo.

d) é brasileiro nato, desde que optante pela nacionalidade brasileira, podendo candidatar-se a qualquer cargo eletivo.

e) é brasileiro naturalizado, pois passou a residir no Brasil após a maioridade, o que limita as possibilidades de candidatura.

Gabarito: Letra B.

b) é brasileiro nato, por ter nascido no território brasileiro, podendo candidatar-se a qualquer cargo eletivo.

Aplica-se ao caso o princípio do jus solli, estampado no art. 12, I, "a", da Constituição Federal, já que os pais de Luca não estavam a serviço do governo italiano:

Art. 12. São brasileiros:

I - natos:

a) os nascidos na República Federativa do Brasil, ainda que de pais estrangeiros, desde que estes não estejam a serviço de seu país

Questão 2: AOCP - Cad (PM TO)/PM TO/2018

ASSUNTO: ESPÉCIES DE NACIONALIDADE (BRASILEIROS NATOS E NATURALIZADOS)

São brasileiros naturalizados:

a) os nascidos na República Federativa do Brasil, ainda que de pais estrangeiros, desde que estes não estejam a serviço de seu país.

b) os nascidos no estrangeiro, de pai brasileiro ou mãe brasileira, desde que qualquer deles esteja a serviço da República Federativa do Brasil.

c) os nascidos no estrangeiro de pai brasileiro ou de mãe brasileira, desde que sejam registrados em repartição brasileira competente ou venham a residir na República Federativa do Brasil e optem, em qualquer tempo, depois de atingida a maioridade, pela nacionalidade brasileira.

d) os que, na forma da lei, adquiram a nacionalidade brasileira, exigidas aos originários de países de língua portuguesa apenas residência por um ano ininterrupto e idoneidade moral.

e) os estrangeiros de qualquer nacionalidade, residentes na República Federativa do Brasil há mais de dez anos ininterruptos e sem condenação penal, desde que requeiram a nacionalidade brasileira.

Gabarito: letra D.

d) os que, na forma da lei, adquiram a nacionalidade brasileira, exigidas aos originários de países de língua portuguesa apenas residência por um ano ininterrupto e idoneidade moral.

Correto, nos termos do art. 12, II, "a", da Constituição Federal:

Art. 12. São brasileiros:

....

II - naturalizados:

a) os que, na forma da lei, adquiram a nacionalidade brasileira, exigidas aos originários de países de língua portuguesa apenas residência por um ano ininterrupto e idoneidade moral.

Questão 3: FGV - TJ (TJ AL)/TJ AL/Judiciária/2018

ASSUNTO: ESPÉCIES DE NACIONALIDADE (BRASILEIROS NATOS E NATURALIZADOS)

Peter, filho de cidadãos norte-americanos, nasceu em Alagoas quando seus pais ali estavam em gozo de férias. Após o nascimento, foi para os Estados Unidos da América do Norte e jamais retornou à República Federativa do Brasil.

À luz da sistemática constitucional, Peter:

a) é brasileiro nato;

b) é brasileiro naturalizado;

c) é brasileiro nato, desde que requeira a nova nacionalidade aos 18 anos de idade;

d) é brasileiro naturalizado, se requerer a naturalização aos 18 anos de idade;

e) não é brasileiro.

Gabarito: Letra A.

Peter, filho de cidadãos norte-americanos, nasceu em Alagoas quando seus pais ali estavam em gozo de férias. Após o nascimento, foi para os Estados Unidos da América do Norte e jamais retornou à República Federativa do Brasil. À luz da sistemática constitucional, Peter:

a) é brasileiro nato;

Correto, por força do art. 12, I, "a", da Constituição Federal, vez que os pais de Peter não estavam a serviço dos EUA quando do seu nascimento:

Art. 12. São brasileiros:

I - natos:

a) os nascidos na República Federativa do Brasil, ainda que de pais estrangeiros, desde que estes não estejam a serviço de seu país;

b) os nascidos no estrangeiro, de pai brasileiro ou mãe brasileira, desde que qualquer deles esteja a serviço da República Federativa do Brasil;

c) os nascidos no estrangeiro de pai brasileiro ou de mãe brasileira, desde que sejam registrados em repartição brasileira competente ou venham a residir na República Federativa do Brasil e optem, em qualquer tempo, depois de atingida a maioridade, pela nacionalidade brasileira;

Questão 4: CESPE - AI (ABIN)/ABIN/2018

ASSUNTO: ESPÉCIES DE NACIONALIDADE (BRASILEIROS NATOS E NATURALIZADOS)

Julgue o item seguinte, relativo ao direito de nacionalidade.

Os indivíduos que possuem multinacionalidade vinculam-se a dois requisitos de aquisição de nacionalidade primária: o direito de sangue e o direito de solo.

Certo

Errado

Gabarito: CORRETO

Os indivíduos que possuem multinacionalidade vinculam-se a dois requisitos de aquisição de nacionalidade primária: o direito de sangue e o direito de solo. (CORRETO)

Em que pese a redação da afirmativa estar bem ruim, induzindo o candidato a pensar na concomitância dos DOIS requisitos, entendo que o gabarito está correto, pois quem conhece a banca CESPE sabe que ela não se atém demais a detalhes interpretativos e gramaticais, devendo geralmente o aluno, em tais casos, optar pela interpretação mais simples: a banca só queria saber se o candidato sabe da existência dos dois requisitos de aquisição de nacionalidade primária, o direito de sangue e o direito de solo.

Dito isso, a doutrina de Pedro Lenza distingui a nacionalidade em duas espécies:

primária ou originária (involuntária);

secundária ou adquirida (voluntária).

A nacionalidade primária é imposta, de maneira unilateral, independentemente da vontade do indivíduo, pelo Estado, no momento do nascimento. Falamos em involuntariedade porque, de maneira soberana, cada país estabelece as regras ou critérios para a outorga da nacionalidade aos que nascerem sob o seu governo. (Lenza, P. Direito Constitucional Esquematizado, 19ª Ed, 2015, Saraiva, Ebook, pág. 1850)

Ainda, o autor diz que alguns adotam o critério do ius sanguinis, ou seja, o que interessa para a aquisição da nacionalidade é o sangue, a filiação, a ascendência, pouco importando o local onde o indivíduo nasceu, e outros adotam o critério do ius solis, ou critério da territorialidade, vale dizer, o que importa para a definição e aquisição da nacionalidade é o local do nascimento, e não a descendência.

Assim, correto o gabarito.

Questão 5: CESPE - AI (ABIN)/ABIN/2018

ASSUNTO: ESPÉCIES DE NACIONALIDADE (BRASILEIROS NATOS E NATURALIZADOS)

Julgue o item seguinte, relativo ao direito de nacionalidade.

Considera-se hipótese excepcional de quase nacionalidade aquela que depende tanto da manifestação da vontade do estrangeiro quanto da aquiescência do chefe do Poder Executivo.

Certo

Errado

Gabarito: ERRADO

Considera-se hipótese excepcional de quase nacionalidade aquela que depende tanto da manifestação da vontade do estrangeiro quanto da aquiescência do chefe do Poder Executivo. (ERRADO)

O quase-nacional, segundo a doutrina de Pedro Lenza, é o português equiparado a brasileiro, nos termos do art. 12, §1º, da CF:

Art. 12 (...)

§ 1º Aos portugueses com residência permanente no País, se houver reciprocidade em favor de brasileiros, serão atribuídos os direitos inerentes ao brasileiro, salvo os casos previstos nesta Constituição.

Assim, como originários de país de língua portuguesa, enquadram-se na regra do art. 12, II, "a", podendo naturalizar-se brasileiros bastando que tenham residência por um ano ininterrupto e idoneidade moral. (Lenza, P. Direito Constitucional Esquematizado, 19ª Ed, 2015, Saraiva, Ebook, pág. 1856)

Contudo, Gilmar Mendes afirma que, "no caso de igualdade de direitos e de obrigações civis, deverá fazer-se o requerimento, dirigido ao Ministro da Justiça, com prova de sua nacionalidade, capacidade civil e admissão no Brasil em caráter permanente". (Curso de Direito Constitucional. 13ª ed, 2018, Saraiva, pág 763)

Questão 6: VUNESP - Inv (PC BA)/PC BA/2018

ASSUNTO: ESPÉCIES DE NACIONALIDADE (BRASILEIROS NATOS E NATURALIZADOS)

Imagine que Marieta, brasileira nata, e Roger, americano nato, estejam residindo atualmente nos Estados Unidos, período em que ocorre o nascimento de Lucas, filho deles. Nessa situação, nos termos da disposição da Constituição acerca da nacionalidade, é correto afirmar que

a) caso Marieta esteja nos Estados Unidos a serviço da República Federativa do Brasil, o seu filho será considerado como brasileiro nato.

b) ainda que Lucas seja registrado perante o Consulado Brasileiro, não será considerado como brasileiro nato ou naturalizado, já que o Brasil adota como único critério o jus soli.

c) para ser considerado brasileiro naturalizado, Lucas deverá passar a residir no Brasil por pelo menos 1 (um) ano ininterrupto e possuir idoneidade moral.

d) Lucas poderá ser considerado brasileiro nato desde que venha a residir no Brasil e, depois de 10 (dez) anos ininterruptos de residência, opte pela nacionalidade brasileira.

e) para ser considerado brasileiro nato, basta que Lucas, a qualquer tempo, depois de atingir a idade mínima de 16 (dezesseis) anos, venha a residir no Brasil e opte pela nacionalidade brasileira.

Gabarito: letra A.

Imagine que Marieta, brasileira nata, e Roger, americano nato, estejam residindo atualmente nos Estados Unidos, período em que ocorre o nascimento de Lucas, filho deles. Nessa situação, nos termos da disposição da Constituição acerca da nacionalidade, é correto afirmar que

a) caso Marieta esteja nos Estados Unidos a serviço da República Federativa do Brasil, o seu filho será considerado como brasileiro nato.

Correto, por força do art. 12, I, "b", da Constituição Federal:

Art. 12. São brasileiros:

I - natos:

a) os nascidos na República Federativa do Brasil, ainda que de pais estrangeiros, desde que estes não estejam a serviço de seu país;

b) os nascidos no estrangeiro, de pai brasileiro ou mãe brasileira, desde que qualquer deles esteja a serviço da República Federativa do Brasil;

Questão 7: VUNESP - Proc (FAPESP)/FAPESP/2018

ASSUNTO: ESPÉCIES DE NACIONALIDADE (BRASILEIROS NATOS E NATURALIZADOS)

Paulo é estrangeiro, residente no Brasil há 19 anos ininterruptos, mas tem uma condenação criminal na justiça brasileira e pretende obter a sua naturalização como cidadão brasileiro. Nos moldes da Constituição Federal, Paulo

a) não tem direito à naturalização, independentemente de sua nacionalidade de origem, uma vez que, embora preencha o requisito de tempo de residência no Brasil, não pode ter condenação criminal.

b) tem direito à naturalização, independentemente de sua nacionalidade de origem, pois preenche os requisitos constitucionais de tempo de residência e a condenação criminal não o impede de obtê-la.

c) não tem direito à naturalização, uma vez que não preenche o requisito constitucional de tempo mínimo de residência no Brasil.

d) terá direito à naturalização se a sua nacionalidade de origem for portuguesa, uma vez que preenche os demais requisitos para obtê-la.

e) terá direito de obter a naturalização, independentemente de sua nacionalidade de origem, desde que a condenação criminal não tenha sido em decorrência de crime político ou de tráfico de entorpecentes ou drogas afins, pois atende os demais requisitos para obtê-la.

Gabarito: letra A.

Paulo é estrangeiro, residente no Brasil há 19 anos ininterruptos, mas tem uma condenação criminal na justiça brasileira e pretende obter a sua naturalização como cidadão brasileiro. Nos moldes da Constituição Federal, Paulo

a) não tem direito à naturalização, independentemente de sua nacionalidade de origem, uma vez que, embora preencha o requisito de tempo de residência no Brasil, não pode ter condenação criminal.

Correto, em razão do disposto no art. 12, II, "b", pois apesar de residir no Brasil há mais de quinze anos ininterruptos, sofreu condenação penal:

Art. 12. São brasileiros:

.....

II - naturalizados:

....

b) os estrangeiros de qualquer nacionalidade, residentes na República Federativa do Brasil há mais de quinze anos ininterruptos e sem condenação penal, desde que requeiram a nacionalidade brasileira.

Perceba que a Constituição não exige o trânsito em julgado da condenação penal, para o impedimento da naturalização, como já caiu em outra prova, bastando a sentença de primeiro grau.

Questão 8: FCC - Tec Leg (ALESE)/ALESE/Apoio Técnico Administrativo/2018

ASSUNTO: ESPÉCIES DE NACIONALIDADE (BRASILEIROS NATOS E NATURALIZADOS)

São brasileiros

a) natos os nascidos na República Federativa do Brasil, ainda que de pais estrangeiros que estejam a serviço de seu país.

b) natos os nascidos no estrangeiro, de pai brasileiro ou mãe brasileira, desde que ambos estejam a serviço da República Federativa do Brasil.

c) natos os nascidos no estrangeiro de pai brasileiro ou de mãe brasileira, desde que sejam registrados em repartição brasileira competente ou venham a residir na República Federativa do Brasil e optem, quando completarem 21 anos, pela nacionalidade brasileira.

d) naturalizados os estrangeiros de qualquer nacionalidade, residentes na República Federativa do Brasil há mais de cinco anos ininterruptos e sem condenação penal, desde que requeiram a nacionalidade brasileira.

e) naturalizados os que, na forma da lei, adquiram a nacionalidade brasileira, exigidas aos originários de países de língua portuguesa apenas residência por um ano ininterrupto e idoneidade moral.

Gabarito: letra E.

São brasileiros:

e) naturalizados os que, na forma da lei, adquiram a nacionalidade brasileira, exigidas aos originários de países de língua portuguesa apenas residência por um ano ininterrupto e idoneidade moral.

Correto, na forma do art. 12, II, "a", da Constituição Federal:

Art. 12. São brasileiros:

...

II - naturalizados:

a) os que, na forma da lei, adquiram a nacionalidade brasileira, exigidas aos originários de países de língua portuguesa apenas residência por um ano ininterrupto e idoneidade moral;

Questão 9: IBFC - Proc (Divinópolis)/Pref Divinópolis/2018

ASSUNTO: ESPÉCIES DE NACIONALIDADE (BRASILEIROS NATOS E NATURALIZADOS)

No que diz respeito à nacionalidade, assinale a alternativa correta:

a) são brasileiros naturalizados os nascidos em país estrangeiro, filho de mãe brasileira, uma vez registrados no respectivo consulado brasileiro

b) são considerados brasileiros natos os que nascem em território nacional, a menos que, tratando-se de filhos de pais estrangeiros, estejam estes no Brasil, a serviço de seu país

c) consideram-se brasileiros naturalizados os estrangeiros que prestem serviço por mais de 15 (quinze) anos a entidade brasileira da administração pública direta

d) são considerados brasileiros natos aqueles que tenham nascido no estrangeiro, desde que descendentes de brasileiros

Gabarito: Letra B.

b) são considerados brasileiros natos os que nascem em território nacional, a menos que, tratando-se de filhos de pais estrangeiros, estejam estes no Brasil, a serviço de seu país. (CORRETO)

A doutrina de Pedro Lenza distingue a nacionalidade em duas espécies:

primária ou originária (involuntária);

secundária ou adquirida (voluntária).

A nacionalidade primária é imposta, de maneira unilateral, independentemente da vontade do indivíduo, pelo Estado, no momento do nascimento. Falamos em involuntariedade porque, de maneira soberana, cada país estabelece as regras ou critérios para a outorga da nacionalidade aos que nascerem sob o seu governo. (Lenza, P. Direito Constitucional Esquematizado, 19ª Ed, 2015, Saraiva, Ebook, pág. 1850)

Ainda, o autor diz que alguns adotam o critério do ius sanguinis, ou seja, o que interessa para a aquisição da nacionalidade é o sangue, a filiação, a ascendência, pouco importando o local onde o indivíduo nasceu, e outros adotam o critério do ius solis, ou critério da territorialidade, vale dizer, o que importa para a definição e aquisição da nacionalidade é o local do nascimento, e não a descendência.

Dito isso, são de fato considerados brasileiros NATOS os que nascem em território nacional, a menos que, tratando-se de filhos de pais estrangeiros, estejam estes no Brasil, a serviço de seu país, conforme o art. 12 da CF

Art. 12. São brasileiros:

I - natos:

a) os nascidos na República Federativa do Brasil, ainda que de pais estrangeiros, desde que estes não estejam a serviço de seu país;

Questão 10: IBFC - AuxLg (CM F Santana)/CM Feira de Stana/Administrativo/2018

ASSUNTO: ESPÉCIES DE NACIONALIDADE (BRASILEIROS NATOS E NATURALIZADOS)

Leia atentamente os itens abaixo e assinale a alternativa correta sobre como é designado o sujeito que não tem nacionalidade.

    a) Apátrida ou estrangeiro residente

    b) Apátrida ou Heimatlos

    c) Nacional inato

    d) Pátrida ou optante de nacionalidade vazia

Gabarito: Letra B, pois a pessoa que não possui nacionalidade é chamada de Apátrida ou Heimatlos.

Questão 11: FCC - AJ TRT15/TRT 15/Administrativa/"Sem Especialidade"/2018

ASSUNTO: ESPÉCIES DE NACIONALIDADE (BRASILEIROS NATOS E NATURALIZADOS)

O vínculo jurídico político que liga um indivíduo a um certo e determinado Estado, fazendo deste indivíduo um componente do povo e capacitando-o a exigir sua proteção e sujeitando-o ao cumprimento de deveres impostos é denominado

a) soberania.

b) nacionalidade.

c) dignidade humana.

d) legitimidade ativa.

e) elegibilidade.

Gabarito: letra B.

O vínculo jurídico político que liga um indivíduo a um certo e determinado Estado, fazendo deste indivíduo um componente do povo e capacitando-o a exigir sua proteção e sujeitando-o ao cumprimento de deveres impostos é denominado

b) nacionalidade.

Correto. Segundo Francisco Resek, nacionalidade é o vínculo político e jurídico entre o Estado soberano e o indivíduo, que fez deste um membro da comunidade constitutiva da dimensão pessoal do Estado, e que recebe uma disciplina jurídica de direito interno: a cada

Estado incumbe legislar sobre sua própria nacionalidade, desde que respeitadas, no direito internacional, as regras gerais (RESEK, Francisco. Direito Internacional Público. 10ª Ed. 2005. São Paulo: Saraiva, p. 180).

Questão 12: FGV - Tec (MPE AL)/MPE AL/Geral/2018

ASSUNTO: ESPÉCIES DE NACIONALIDADE (BRASILEIROS NATOS E NATURALIZADOS)

Peter, filho de John e Mary, ambos de nacionalidade norte-americana, nasceu no território brasileiro quando seus pais, trabalhadores em uma indústria nos Estados Unidos da América, aqui estavam em gozo de férias.

Utilizando-se as normas constitucionais afetas à nacionalidade como referência, é correto afirmar que Peter

a) pode optar pela nacionalidade brasileira quando completar dezoito anos de idade, pois nasceu no território brasileiro.

b) é brasileiro naturalizado, isto por ter nascido no território brasileiro, mas ser filho de estrangeiros.

c) é brasileiro nato, pois nasceu no território brasileiro e os seus pais não estavam a serviço do seu país.

d) pode optar a qualquer tempo pela nacionalidade brasileira, pois nasceu no território brasileiro.

e) não tem nacionalidade brasileira, mas pode solicitar que o governo brasileiro a defira.

Gabarito: letra C.

Peter, filho de John e Mary, ambos de nacionalidade norte-americana, nasceu no território brasileiro quando seus pais, trabalhadores em uma indústria nos Estados Unidos da América, aqui estavam em gozo de férias. Utilizando-se as normas constitucionais afetas à nacionalidade como referência, é correto afirmar que Peter

c) é brasileiro nato, pois nasceu no território brasileiro e os seus pais não estavam a serviço do seu país.

Correto, por força do art. 12, I, "a", da Constituição Federal, que ao incidir na hipótese em apreço deu primazia ao critério do ius solli em detrimento do ius sanguinis:

Art. 12. São brasileiros:

I - natos:

a) os nascidos na República Federativa do Brasil, ainda que de pais estrangeiros, desde que estes não estejam a serviço de seu país;

Questão 13: FCC - Con Tec Leg (CL DF)/CL DF/Inspetor de Polícia Legislativa/2018

ASSUNTO: ESPÉCIES DE NACIONALIDADE (BRASILEIROS NATOS E NATURALIZADOS)

Hanna, filha de mãe brasileira e pai estrangeiro, nasceu fora do Brasil, enquanto seus pais estavam de férias no exterior, e não foi registrada em repartição brasileira. Durante parte de sua infância e adolescência, Hanna viveu em diferentes países e, quando completou quinze anos, veio com sua família para o Brasil para aqui ficar em definitivo. Já no Brasil, Hanna conheceu Jacinta, uma africana de 35 anos, oriunda de país que tem o idioma português como oficial, que manifestou a ela o desejo de se tornar brasileira, incentivando Hanna a fazer o mesmo. Considerando apenas os dados aqui fornecidos, de acordo com a Constituição Federal, Hanna

a) não será considerada brasileira nata, pois não houve o registro na repartição brasileira quando de seu nascimento, mas poderá naturalizar-se se cumpridos os requisitos legais para tanto, ao passo que Jacinta poderá naturalizar-se brasileira se comprovar residência ininterrupta por, no mínimo, quinze anos no Brasil e idoneidade moral, e desde que não tenha condenação à pena de reclusão.

b) não será considerada brasileira nata, pois não houve o registro na repartição brasileira quando de seu nascimento, mas poderá naturalizar-se se cumpridos os requisitos legais para tanto, ao passo que Jacinta poderá naturalizar-se brasileira se comprovar residência ininterrupta por, no mínimo, dois anos no Brasil e idoneidade moral.

c) será considerada brasileira nata se optar, até quatro anos depois de atingida a maioridade, pela nacionalidade brasileira, ao passo que Jacinta poderá naturalizar-se brasileira se comprovar residência ininterrupta por, no mínimo, quinze anos no Brasil e idoneidade moral, e desde que não tenha condenação penal.

d) será considerada brasileira nata se optar, em qualquer tempo, depois de atingida a maioridade, pela nacionalidade brasileira, ao passo que Jacinta poderá adquirir a nacionalidade brasileira, na forma da lei, tornando-se brasileira naturalizada se comprovar residência ininterrupta por, no mínimo, um ano no Brasil e idoneidade moral.

e) será considerada brasileira nata se optar, em qualquer tempo, depois de adquirida a capacidade civil, pela nacionalidade brasileira, ao passo que Jacinta poderá naturalizar-se brasileira se comprovar residência ininterrupta por, no mínimo, cinco anos no Brasil e idoneidade moral.

Gabarito: letra D.

Hanna, filha de mãe brasileira e pai estrangeiro, nasceu fora do Brasil, enquanto seus pais estavam de férias no exterior, e não foi registrada em repartição brasileira. Durante parte de sua infância e adolescência, Hanna viveu em diferentes países e, quando completou quinze anos, veio com sua família para o Brasil para aqui ficar em definitivo. Já no Brasil, Hanna conheceu Jacinta, uma africana de 35 anos, oriunda de país que tem o idioma português como oficial, que manifestou a ela o desejo de se tornar brasileira, incentivando Hanna a fazer o mesmo. Considerando apenas os dados aqui fornecidos, de acordo com a Constituição Federal, Hanna

d) será considerada brasileira nata se optar, em qualquer tempo, depois de atingida a maioridade, pela nacionalidade brasileira, ao passo que Jacinta poderá adquirir a nacionalidade brasileira, na forma da lei, tornando-se brasileira naturalizada se comprovar residência ininterrupta por, no mínimo, um ano no Brasil e idoneidade moral.

Correto, nos termos da alínea "c", do inciso I, do art. 12 da Constituição Federal, com a redação dada pela Emenda Constitucional 54/2007, que incluiu a opção de registro em repartição consular competente no exterior. Hanna poderá adquirir a nacionalidade originária (brasileira nata) caso venha residir no Brasil e opte a qualquer tempo, após atingida a maioridade (18 anos), pela nacionalidade brasileira.

Jacinta, por ter origem em país de língua portuguesa, necessitará apenas de residência por um ano ininterrupto e idoneidade moral para adquirir a nacionalidade secundária (brasileira naturalizada), nos termos do art. 12, II, "a", da Constituição:

Art. 12. São brasileiros:

I - natos:

....

c) os nascidos no estrangeiro de pai brasileiro ou de mãe brasileira, desde que sejam registrados em repartição brasileira competente ou venham a residir na República Federativa do Brasil e optem, em qualquer tempo, depois de atingida a maioridade, pela nacionalidade brasileira;

....

II - naturalizados:

a) os que, na forma da lei, adquiram a nacionalidade brasileira, exigidas aos originários de países de língua portuguesa apenas residência por um ano ininterrupto e idoneidade moral;

Questão 14: FGV - Cons Leg (ALERO)/ALERO/Assessoramento Legislativo/2018

ASSUNTO: ESPÉCIES DE NACIONALIDADE (BRASILEIROS NATOS E NATURALIZADOS)

Peter nasceu na Áustria no período em que sua mãe, Maria, brasileira nata, servidora da União, fora designada para trabalhar na embaixada brasileira naquele país. Como Maria era casada com Hans, de nacionalidade austríaca, Peter também tinha a nacionalidade do pai, jamais tendo residido no território brasileiro.

Ao completar trinta anos de idade, Peter consultou um advogado sobre a possibilidade de se candidatar a um mandato eletivo no Brasil, na eleição a ser realizada no ano seguinte, tendo sido informado, corretamente, que

a) os estrangeiros, como Peter, não podem concorrer a um mandato eletivo.

b) sendo brasileiro nato, pode concorrer aos cargos eletivos privativos de brasileiro nato.

c) somente teria nacionalidade brasileira se a lei da Áustria não reconhecesse a sua nacionalidade austríaca originária.

d) pode optar pela nacionalidade brasileira caso venha a residir no país, podendo concorrer a todos os cargos eletivos.

e) caso venha a se naturalizar brasileiro, poderá concorrer a todos os cargos eletivos não privativos de brasileiro nato.

A alternativa correta é a letra B.

De acordo com o hipotético caso narrado pela assertiva, Maria é brasileira nata e servia ao seu país na embaixada da Áustria. No período em que estava no estrangeiro, nasceu seu filho Peter, que será brasileiro nato por força da norma inscrita no art.12,I,b, da Constituição Federal:

"Art. 12. São brasileiros:

I - natos:

b) os nascidos no estrangeiro, de pai brasileiro ou mãe brasileira, desde que qualquer deles esteja a serviço da República Federativa do Brasil".

Assim sendo, Peter é brasileiro nato, pelo fato de sua mãe estar a serviço do Brasil no estrangeiro, estando apto a concorrer e ocupar os cargos eletivos privativos de brasileiro nato, constantes do art.12,§3º, I a VII, da Constituição Federal:

"Art. 12. São brasileiros:

§ 3º São privativos de brasileiro nato os cargos:

I - de Presidente e Vice-Presidente da República;

II - de Presidente da Câmara dos Deputados;

III - de Presidente do Senado Federal;

IV - de Ministro do Supremo Tribunal Federal;

V - da carreira diplomática;

VI - de oficial das Forças Armadas.

VII - de Ministro de Estado da Defesa"

Questão 15: FUNDATEC - Tec Leg (ALERS)/ALERS/2018

ASSUNTO: DISTINÇÕES CONSTITUCIONAIS ENTRE BRASILEIROS NATOS E NATURALIZADOS

De acordo com os direitos de nacionalidade previstos na Constituição Federal, assinale a alternativa que indica cargos públicos privativos de brasileiro nato.

a) Deputado Estadual e Senador da República.

b) Ministro de Estado da Defesa e da Segurança Pública.

c) Presidente da República e Deputado Estadual.

d) Vice-Presidente da República e Presidente do Supremo Tribunal Federal.

e) Senador da República e Deputado Federal.

A alternativa correta é a letra D.

O cargo de Vice- Presidente da República só poderá ser ocupado por brasileiro nato por força do disposto no art.12,§3º,I da Constituição Federal.

"Art. 12. São brasileiros:

§ 3º São privativos de brasileiro nato os cargos:

I - de Presidente e Vice-Presidente da República".

Questão 16: VUNESP - Tec Leg (CMSJC)/CM SJC/2018

ASSUNTO: DISTINÇÕES CONSTITUCIONAIS ENTRE BRASILEIROS NATOS E NATURALIZADOS

Nos termos da Constituição Federal de 1988, são privativos de brasileiro nato os cargos

a) de Presidente da República, de Deputado Federal e de Senador da República.

b) de Ministro do Supremo Tribunal Federal, da carreira diplomática e de oficial das Forças Armadas.

c) de Presidente da Câmara dos Deputados, de Presidente do Senado Federal e de Presidente do Tribunal de Contas da União.

d) de Ministro do Supremo Tribunal Federal, de Ministro da Defesa e de Ministro da Justiça.

e) de Prefeito, de Vereador e de Juiz de Direito.

Gabarito: Letra B.

Nos termos da Constituição Federal de 1988, são privativos de brasileiro nato os cargos

b) de Ministro do Supremo Tribunal Federal, da carreira diplomática e de oficial das Forças Armadas.

Correto, na forma do art. 12, § 3º, da Constituição Federal:

Art. 12........

§ 3º São privativos de brasileiro nato os cargos:

I - de Presidente e Vice-Presidente da República;

II - de Presidente da Câmara dos Deputados;

III - de Presidente do Senado Federal;

IV - de Ministro do Supremo Tribunal Federal;

V - da carreira diplomática;

VI - de oficial das Forças Armadas.

VII - de Ministro de Estado da Defesa

É importante que você guarde que além desses cargos indicados no § 3º, são também privativos de brasileiros natos os cargos de Presidente e Vice-Presidente do Tribunal Superior Eleitoral (que são originários do Supremo Tribunal Federal, nos termos do parágrafo único do art. 119 da CF) e do Presidente do Conselho Nacional de Justiça (que é o Presidente do STF, nos termos do art. 103-B, I), nunca membros do Superior Tribunal de Justiça.

E os membros do Superior Tribunal Militar são necessariamente brasileiros natos? Não todos, pois alguns não se originam do oficialato das Forças Armadas, já que cinco de seus membros são civis, nos termos do art. 123 da CF! Apenas os 10 membros oficiais das Forças Armadas é que deverão ser brasileiros natos.

Também o Conselho da República, órgão superior de consulta do Presidente da República, possui, dentre seus membros, seis cidadãos brasileiros natos, com mais de trinta e cinco anos de idade, sendo dois nomeados pelo Presidente da República, dois eleitos pelo Senado Federal e dois eleitos pela Câmara dos Deputados, todos com mandato de três anos, vedada a recondução (art. 89, VII, CF).

Note ainda que o art. 222 da CF estabelece que a propriedade de empresa jornalística e de radiodifusão sonora e de sons e imagens é privativa de brasileiros natos ou naturalizados há mais de dez anos, ou de pessoas jurídicas constituídas sob as leis brasileiras e que tenham sede no País.

Guarde ainda que o cargo de Ministro de Relações Exteriores, que oficia no Palácio do Itamaraty, pode ser exercido por brasileiro naturalizado, pois não se trata necessariamente de diplomata mas sim de titular de cargo de livre nomeação e exoneração pelo Presidente da República.

Deputados e Senadores também poderão ser brasileiros naturalizados ou portugueses equiparados, desde que não sejam os Presidentes da Câmara ou do Senado. O Congresso Nacional já teve parlamentares portugueses equiparados, como José Lourenço (PDS), eleito em 1982.

Questão 17: FUMARC - Del Pol (PC MG)/PC MG/2018

ASSUNTO: DISTINÇÕES CONSTITUCIONAIS ENTRE BRASILEIROS NATOS E NATURALIZADOS

NÃO constitui cargo privativo de brasileiro nato:

a) Ministro de Estado da Defesa.

b) Oficial das Forças Armadas.

c) Presidente da Câmara dos Deputados.

d) Senador da República.

Gabarito: letra D.

NÃO constitui cargo privativo de brasileiro nato:

d) Senador da República.

Em função do que dispõe o art. 12, § 3º, da Constituição Federal:

Art. 12............

....

§ 3º - São privativos de brasileiro nato os cargos:

I - de Presidente e Vice-Presidente da República;

II - de Presidente da Câmara dos Deputados;

III - de Presidente do Senado Federal;

IV - de Ministro do Supremo Tribunal Federal;

V - da carreira diplomática;

VI - de oficial das Forças Armadas.

VII - de Ministro de Estado da Defesa.

Os Presidentes do Supremo Tribunal Federal, da Câmara dos Deputados e do Senado Federal figuram no rol do art. 12, §3º, por comporem a linha de substituição do Presidente da República, em suas ausências.

É importante que você guarde que além desses cargos indicados no § 3º, são também privativos de brasileiros natos os cargos de Presidente e Vice-Presidente do Tribunal Superior Eleitoral (que são originários do Supremo Tribunal Federal, nos termos do parágrafo único do art. 119 da CF) e do Presidente do Conselho Nacional de Justiça (que é o Presidente do STF, nos termos do art. 103-B, I), nunca membros do Superior Tribunal de Justiça.

E os membros do Superior Tribunal Militar são necessariamente brasileiros natos? Não todos, pois alguns não se originam do oficialato das Forças Armadas, já que cinco de seus membros são civis, nos termos do art. 123 da CF! Apenas os 10 membros oficiais das Forças Armadas é que deverão ser brasileiros natos.

Também o Conselho da República, órgão superior de consulta do Presidente da República, possui, dentre seus membros, seis cidadãos brasileiros natos, com mais de trinta e cinco anos de idade, sendo dois nomeados pelo Presidente da República, dois eleitos pelo

Senado Federal e dois eleitos pela Câmara dos Deputados, todos com mandato de três anos, vedada a recondução (art. 89, VII, CF).

Note ainda que o art. 222 estabelece que a propriedade de empresa jornalística e de radiodifusão sonora e de sons e imagens é privativa de brasileiros natos ou naturalizados há mais de dez anos, ou de pessoas jurídicas constituídas sob as leis brasileiras e que tenham sede no País.

Guarde ainda que o cargo de Ministro de Relações Exteriores, que oficia no Palácio do Itamaraty, pode ser exercido por brasileiro naturalizado, pois não se trata necessariamente de diplomata mas sim de titular de cargo de livre nomeação e exoneração pelo Presidente da República. Questãozinha recorrente nas provas.

Deputados e Senadores também poderão ser brasileiros naturalizados ou portugueses equiparados, desde que não sejam os Presidentes da Câmara ou do Senado. Por isso, a alternativa "d" correta.

Questão 18: FGV - TJ Aux (TJ SC)/TJ SC/2018

ASSUNTO: DISTINÇÕES CONSTITUCIONAIS ENTRE BRASILEIROS NATOS E NATURALIZADOS

Jean, brasileiro naturalizado, que adquiriu grande popularidade em razão de suas atividades filantrópicas, decidiu concorrer a um cargo eletivo. No entanto, estava em dúvida se concorreria ao cargo de Vice-Presidente da República, de Governador ou Senador.

À luz da sistemática constitucional, Jean poderia concorrer apenas ao(s) cargo(s) de:

a) Vice-Presidente e Governador;

b) Governador e Senador;

c) Vice-Presidente;

d) Governador;

e) Senador.

Gabarito: B

A CF/1988 traz um rol exaustivo dos cargos que somente podem ser ocupados por brasileiros natos, ou seja, brasileiros naturalizados não podem ocupar os cargos que constam nessa lista:

Art. 12, § 3º São privativos de brasileiro nato os cargos

I - de Presidente e Vice-Presidente da República;

II - de Presidente da Câmara dos Deputados;

III - de Presidente do Senado Federal;

IV - de Ministro do Supremo Tribunal Federal;

V - da carreira diplomática;

VI - de oficial das Forças Armadas.

VII - de Ministro de Estado da Defesa.

A questão citou três cargos para os quais Jean pretende concorrer: Vice-Presidente da República, Governador ou Senador. Dos três, o único que é privativo de brasileiro nato é o primeiro (Vice-Presidente da República). Ou seja, Jean não poderia concorrer ao cargo de Vice-Presidente da República por não ser brasileiro nato, mas poderia concorrer aos cargos de Governador e Senador.

Portanto, gabarito letra "B".

Questão 19: COPESE-UFT - Proc (CM Palmas)/CM Palmas/2018

ASSUNTO: DISTINÇÕES CONSTITUCIONAIS ENTRE BRASILEIROS NATOS E NATURALIZADOS

Nos termos da Constituição Federal de 1988, são privativos de brasileiro nato os cargos, EXCETO:

a) o de Presidente da República.

b) o de Oficial das Forças Armadas.

c) o de Carreira Diplomática.

d) o de Membro da Câmara dos Deputados.

Gabarito: D

Segundo a CF/1988:

Art. 12, § 3º São privativos de brasileiro nato os cargos

I - de Presidente letra A) e Vice-Presidente da República;

II - de Presidente da Câmara dos Deputados;

III - de Presidente do Senado Federal;

IV - de Ministro do Supremo Tribunal Federal;

V - da carreira diplomática letra C);

VI - de oficial das Forças Armadas letra B).

VII - de Ministro de Estado da Defesa.

A única alternativa que não consta no rol acima é a letra D", gabarito da questão.

Questão 20: CESPE - PCF/PF/Área 1/2018

ASSUNTO: DISTINÇÕES CONSTITUCIONAIS ENTRE BRASILEIROS NATOS E NATURALIZADOS

Com relação aos direitos e às garantias fundamentais previstos na Constituição Federal de 1988, julgue o item a seguir.

Ainda que, em regra, inexista distinção entre brasileiros natos e naturalizados, o cargo de oficial das Forças Armadas só poderá ser exercido por brasileiro nato.

Certo

Errado

Gabarito: CERTO.

Com relação aos direitos e às garantias fundamentais previstos na Constituição Federal de 1988, julgue o item a seguir.

Ainda que, em regra, inexista distinção entre brasileiros natos e naturalizados, o cargo de oficial das Forças Armadas só poderá ser exercido por brasileiro nato.

As distinções entre brasileiros natos e naturalizados é vedada pela Constituição Federal, mas ela própria estabelece distinções, no art. 12, §§ 2º e 3º, bem como nos artigos 89, VII, e 222, da Constituição Federal:

Art. 12............

§ 2º A lei não poderá estabelecer distinção entre brasileiros natos e naturalizados, salvo nos casos previstos nesta Constituição.

§ 3º São privativos de brasileiro nato os cargos:

I - de Presidente e Vice-Presidente da República;

II - de Presidente da Câmara dos Deputados;

III - de Presidente do Senado Federal;

IV - de Ministro do Supremo Tribunal Federal;

V - da carreira diplomática;

VI - de oficial das Forças Armadas.

VII - de Ministro de Estado da Defesa

Correta a questão, pois o cargo de oficial das Forças Armadas é privativo de brasileiro nato.

Art. 89. O Conselho da República é órgão superior de consulta do Presidente da República, e dele participam:

....

VII - seis cidadãos brasileiros natos, com mais de trinta e cinco anos de idade, sendo dois nomeados pelo Presidente da República, dois eleitos pelo Senado Federal e dois eleitos pela Câmara dos Deputados, todos com mandato de três anos, vedada a recondução.

Art. 222. A propriedade de empresa jornalística e de radiodifusão sonora e de sons e imagens é privativa de brasileiros natos ou naturalizados há mais de dez anos, ou de pessoas jurídicas constituídas sob as leis brasileiras e que tenham sede no País.

É importante que você guarde que além desses cargos indicados no § 3º do art. 12, são também privativos de brasileiros natos os cargos de Presidente e Vice-Presidente do Tribunal Superior Eleitoral (que são originários do Supremo Tribunal Federal, nos termos do parágrafo único do art. 119 da CF) e do Presidente do Conselho Nacional de Justiça (que é o Presidente do STF, nos termos do art. 103-B, I), nunca membros do Superior Tribunal de Justiça.

E os membros do Superior Tribunal Militar são necessariamente brasileiros natos? Não todos, pois alguns não se originam do oficialato das Forças Armadas, já que cinco de seus membros são civis, nos termos do art. 123 da CF! Apenas os 10 membros oficiais das Forças Armadas é que deverão ser brasileiros natos.

Guarde ainda que o cargo de Ministro de Relações Exteriores, que oficia no Palácio do Itamaraty, pode ser exercido por brasileiro naturalizado, pois não se trata necessariamente de diplomata mas sim de titular de cargo de livre nomeação e exoneração pelo Presidente da República. Questãozinha recorrente nas provas.

CAPÍTULO II

DIREITOS POLÍTICOS

1. INTRODUÇÃO

Este tópico está totalmente ligado a chamada Soberania Popular constante no art. 1º da nossa Constituição da República:

> *Parágrafo único. Todo o poder emana do povo, que o exerce por meio de representantes eleitos ou diretamente, nos termos desta Constituição.*

No Brasil adotamos a:

a) Democracia Representativa: aquela exercida pelos representantes do povo.

b) Democracia Direta: quando o próprio povo toma as decisões. Vamos analisar estas possibilidades agora:

> *Art. 14. A soberania popular será exercida pelo sufrágio universal e pelo voto direto e secreto, com valor igual para todos, e, nos termos da lei, mediante:*
>
> *I - plebiscito;*
>
> *II - referendo;*
>
> *III - iniciativa popular. (de projeto de lei)*

2. DEMOCRACIA DIRETA: PLEBISCITO, REFERENDO E INICIATIVA POPULAR

Plebiscito e referendo são consultas populares para decidir diretamente sobre matéria de relevância para a nação em questões constitucionais, legislativas ou administrativas.

Plebiscito

O plebiscito é uma consulta popular prévia à edição de um ato legislativo ou administrativo, sendo colocado nas mãos do povo por meio do voto, aprovar ou rejeitar o que lhe foi submetido.

A Constituição Federal prevê esse instrumento, por exemplo, no art. 18, §§3º e 4º da Constituição Federal, sendo os casos de criação de novos Municípios e Estados:

> § 3º Os Estados podem incorporar-se entre si, subdividir-se ou desmembrar-se para se anexarem a outros, ou formarem novos Estados ou Territórios Federais, mediante aprovação da população diretamente interessada, através de plebiscito, e do Congresso Nacional, por lei complementar.
>
> § 4º A criação, a incorporação, a fusão e o desmembramento de Municípios, far-se-ão por lei estadual, dentro do período determinado por Lei Complementar Federal, e dependerão de consulta prévia, mediante plebiscito, às populações dos Municípios envolvidos, após divulgação dos Estudos de Viabilidade Municipal, apresentados e publicados na forma da lei.

Apenas o Congresso Nacional tem a competência para convocar plebiscito (art. 49, XV).

Exemplo de plebiscito foi realizado no dia 7/9/1993 para definir a forma (república ou monarquia constitucional) e o sistema de governo (parlamentarismo ou presidencialismo) que devem vigorar no País (art. 2º, do Ato das Disposições Constitucionais Transitórias).

Referendo

O referendo é também é um meio de consulta popular, só que diferentemente do plebiscito, formulada posteriormente à aprovação de projetos de lei pelo Legislativo ou atos administrativos, e por intermédio dele o povo apenas confirmará ou rejeitará o ato já criado e em vigor. Nas questões de competência da União, a autorização para a realização do referendo é também exclusiva do Congresso Nacional (art. 49, XV), não tendo a Constituição Federal estabelecido os critérios para o seu exercício.

Exemplo de referendo ocorreu no dia 23 de outubro de 2005, no qual o povo brasileiro foi consultado sobre a proibição do comércio de armas de fogo e munições no país, mediante a alteração no Estatuto do Desarmamento (Lei nº 10.826/2003).

Portando, a principal distinção entre eles é

Plebiscito	Consulta Prévia a criação do ato legislativo ou administrativo
Referendo	Consulta Posterior sobre decisão que precisa ser confirmada pelo povo.

Iniciativa Popular

Trata-se de projeto de lei de iniciativa do povo ao Poder Legislativo. Instrumento de participação popular que permite à população submeter para aprovação do Congresso Nacional textos de lei de grande importância para a sociedade, como por exemplo, as 10 medidas de combate à corrupção propostas originalmente por membros do Ministério Público da União.

Ela está prevista, além do art. 14, III, também no § 2º do art. 61 da Constituição:

> *Art. 61 (...)*
>
> *§ 2º A iniciativa popular pode ser exercida pela apresentação à Câmara dos Deputados de projeto de lei subscrito por, no mínimo, um por cento do eleitorado nacional, distribuído pelo menos por cinco Estados, com não menos de três décimos por cento dos eleitores de cada um deles*

São requisitos para aceitação de um projeto de iniciativa popular:

1) Subscrito (assinado), no mínimo, por 1% do eleitorado nacional.

2) Distribuição de assinaturas em pelo menos 5 Estados.

3) Não menos de três décimos por cento dos eleitores em cada estado.

Lembre-se que todo projeto de lei de iniciativa popular deve ser iniciado sempre pela Câmara dos Deputados.

3. SUFRÁGIO E VOTO

Conceito de Sufrágio

É o direito de toda pessoa, desde que preenchido os requisitos legais, de particular do processo eleitoral votando ou sendo votado. Trata-se de um direito público subjetivo de natureza política, dos chamados direitos fundamentais de primeira dimensão ou geração.

Sufrágio Universal e Restrito

Nossa Constituição Federal de 1988 adotou o sufrágio universal porque outorga o direito de votar a todos os cidadãos nacionais, sem restrições de local de nascimento, de renda ou escolaridade. O sufrágio restrito, não adotado no Brasil, revelador de um regime autocrático, confere a capacidade de votar apenas a quem preencha requisitos econômicos ou de determinadas capacidades.

Voto

Uma das formas de exercer o sufrágio se dá por meio do voto, que ao mesmo tempo é um direito, uma função e um dever. Um direito porque foi estabelecido pelo constituinte originário, no art. 14; uma função social, de soberania popular; derivado disso, tornou-se aceitável que constitua um dever, como se depreende do § 1º do art. 14 da CF:

> *Art. 14. § 1º - O alistamento eleitoral e o voto são:*
>
> *I - obrigatórios para os maiores de dezoito anos;*
>
> *II - facultativos para:*
>
> *a) os analfabetos;*
>
> *b) os maiores de setenta anos;*
>
> *c) os maiores de dezesseis e menores de dezoito anos.*

Cuidado com pegadinhas de concursos públicos. Observe o que diz a Constituição em seu Art. 60 § 4º:

> *Não será objeto de deliberação a proposta de emenda tendente a abolir:*
>
> *I - a forma federativa de Estado;*
>
> *II - o voto direto, secreto, universal e periódico;*
>
> *III - a separação dos Poderes;*
>
> *IV - os direitos e garantias individuais.*

Observe que o voto obrigatório não esta incluso no rol de cláusulas pétreas da Constituição. Portanto, não há impedimento constitucional para que o voto seja facultativo para todos.

4. CAPACIDADE ELEITORAL ATIVA

Lembre-se:

> ➤ Capacidade Eleitoral Ativa = VOTO.

> Alistamento Eleitoral = Cadastro perante à Justiça Eleitoral para exercício de direitos políticos.

Nesse sentido, dispõe o art. 14, § 1º e 2º, da CF:

> *Art. 14. § 1º O alistamento eleitoral e o voto são:*
>
> *I - obrigatórios para os maiores de dezoito anos;*
>
> *II - facultativos para:*
>
> *a) os analfabetos;*
>
> *b) os maiores de setenta anos;*
>
> *c) os maiores de dezesseis e menores de dezoito anos.*
>
> *§ 2º Não podem alistar-se como eleitores os estrangeiros e, durante o período do serviço militar obrigatório, os conscritos.*

Requisitos para Alistamento Eleitoral (Voto)

> *I - nacionalidade brasileira;*
>
> *II - idade mínima de 16 anos completos na data de alistamento eleitoral;*
>
> *III - o alistamento eleitoral e respectiva posse do título eleitoral;*
>
> *IV - não estar na situação de conscrito, em serviço militar obrigatório;*
>
> *V - não ter perdido ou suspenso os direitos políticos, nas hipóteses do art. 15 da Constituição:*

Alistamento Eleitoral Obrigatório (Voto Obrigatório)

> + 18 anos de idade e − 70 anos de idade

Alistamento Eleitoral Facultativo (Voto Facultativo)

- \+ 16 anos de idade e − 18 anos de idade
- \+ 70 anos de idade
- Analfabetos

Alistamento Eleitoral Proibido (Voto Proibido)

- Estrangeiros
- Conscritos (Aqueles que estão convocados para o serviço militar obrigatório)

5. CAPACIDADE ELEITORAL PASSIVA

Lembre-se:

- Capacidade Eleitoral Passiva = Elegibilidade.

Trata-se se requisitos para aqueles que pretendem se candidatar a algum cargo eletivo. Vejamos o Art. 14, § 3º:

> § 3º - São condições de elegibilidade, na forma da lei:
>
> I - a nacionalidade brasileira;
>
> II - o pleno exercício dos direitos políticos;
>
> III - o alistamento eleitoral;
>
> IV - o domicílio eleitoral na circunscrição;
>
> V - a filiação partidária;

Cuidado com os estrangeiros, que não podem nem se candidatar e nem votar.

Tópico interessante diz respeito aos portugueses equiparados brasileiros naturalizados, se houver reciprocidade, ou seja, se Portugal deixar brasileiro se candidatar lá sem precisar se naturalizar português, deixaremos português se candidatar aqui sem se naturalizar brasileiro.

> *Art. 12. § 1º Aos portugueses com residência permanente no País, se houver reciprocidade em favor de brasileiros, serão atribuídos os direitos inerentes ao brasileiro, salvo os casos previstos nesta Constituição.*

Inelegibilidade Absoluta

O § 4º do art. 14 estabelece ainda que são inelegíveis os inalistáveis e os analfabetos.

Grave: Não pode NUNCA se candidatar no Brasil:

- Estrangeiro
- Conscrito (Serviço Militar Obrigatório)
- Analfabeto (Lembre que analfabeto pode votar se quiser, pois para ele o voto é facultativo, mas não poderá nunca se candidatar)

Idades Mínimas para Elegibilidade:

Presidente da República	35 anos de idade
Senador	35 anos de idade
Governador	30 anos de idade
Deputado Federal	21 anos de idade
Deputado Estadual	21 anos de idade
Prefeito	21 anos de idade
Juiz de Paz	21 anos de idade
Vereador	18 anos de idade

6. INELEGIBILIDADES

Neste tópico vamos falar se hipóteses que impedem uma pessoa de participar do processo eleitoral como candidato.

A Constituição arrola as hipóteses de inelegibilidade e incompatibilidade nos §§ 4º a 7º e 9º do art. 14 da Constituição:

Inelegibilidade Absoluta:

São casos onde nunca poderá existir um candidato enquadrado nas características de:

a) Inalistável

    a. *Estrangeiro*

    b. *Conscritos*

b) Analfabeto

> Art. 14. § 4º - *São inelegíveis os inalistáveis e os analfabetos.*

Cuidado. Os analfabetos são alistáveis, mas o seu voto não é obrigatório, nos termos do art. 14, § 1º, II, "a". O que os analfabetos não podem é serem eleitos (são inelegíveis), nos termos do art. 14, § 4º. Os estrangeiros não podem nem se alistar e nem serem eleitos, à exceção dos portugueses, desde que haja reciprocidade

Inelegibilidade dos chefes do Executivo para um terceiro mandato consecutivo

> § 5º *O Presidente da República, os Governadores de Estado e do Distrito Federal, os Prefeitos e quem os houver sucedido, ou substituído no curso dos*

> *mandatos poderão ser reeleitos para um único período subsequente.*

Os chefes do Poder Executivo (Presidente da República, Governadores e Prefeitos), não podem se candidatar para um terceiro mandato consecutivo. Aplica-se a mesma regra para aqueles que os substituírem, só poderão se candidatar para apenas um novo mandato consecutivo.

Exemplo: Governador A, deixa o cargo de governador após cassação, o Vice-Governador assume o cargo de Governador para completar o mandato, sendo este período já considerado exercício de 1 mandato, ou seja, o atual Governador (ex-Vice Governador), poderá se candidatar para apenas mais um mandato.

Importante: O Supremo Tribunal Federal, assentou o entendimento de que o § 5º do art. 14 da Constituição, com a redação dada pela EC 16/1997, não se refere a caso de inelegibilidade, mas, sim, de hipótese de elegibilidade dos Chefes dos Poderes Executivos, federal, estadual, distrital, municipal e dos que os hajam sucedido ou substituído no curso dos mandatos, para o mesmo cargo, em um período subsequente, não cabendo exigir-lhes desincompatibilização para concorrer ao segundo mandato, assim constitucionalmente autorizado.

Somente a Constituição poderia, de expresso, estabelecer o afastamento do cargo, no prazo por ela definido, como condição para concorrer à reeleição prevista no § 5º do art. 14 da CF, na redação atual. Anteriormente à EC 16/1997, seria o caso de inelegibilidade absoluta, pois não havia reeleição.

> *§ 6º Para concorrerem a outros cargos, o Presidente da República, os Governadores de Estado e do Distrito Federal e os Prefeitos devem renunciar aos respectivos mandatos até seis meses antes do pleito.*

A desincompatibilização é o ato pelo qual o candidato se livra de inelegibilidade a tempo de concorrer à eleição almejada, ela só deve ocorrer da seguinte forma:

> *a) Atuais Chefes do Executivo (Presidente, Governador e Prefeito).*
>
> *b) Candidatos a outro cargo eletivo (Não a reeleição).*
>
> *c) Desincompatibilização 6 meses antes das eleição.*

Seria assim, Prefeito de determinado município durante o segundo mandato, resolve sair candidato para o Governo do Estado, neste caso deverá sair do cargo de Prefeito 6 meses antes da eleição para governador.

Lembre-se que chefes do Poder Executivo se candidatos à reeleição não precisam deixar o cargo, pois serão candidatos e chefes do Executivo ao mesmo tempo.

Inelegibilidade Reflexa ou Parental

> § 7º - São inelegíveis, no território de jurisdição do titular, o cônjuge e os parentes consanguíneos ou afins, até o segundo grau ou por adoção, do Presidente da República, de Governador de Estado ou Território, do Distrito Federal, de Prefeito ou de quem os haja substituído dentro dos seis meses anteriores ao pleito, salvo se já titular de mandato eletivo e candidato à reeleição.

A inelegibilidade reflexa ocorre para os parentes dos chefes do Poder Executivo, para relação de parentesco até o segundo grau (§ 7º do art. 14). E só acontece no território de jurisdição do Prefeito (município), do Governador (o Estado ou DF) ou do Presidente da República (todo o país):

O Supremo Tribunal Federal se manifestou no sentido de que a dissolução do vínculo matrimonial no curso do mandato, no caso de divórcio ou separação, não afasta a inelegibilidade reflexa. Esse entendimento ficou normatizado na Súmula Vinculante 18, e tem o objetivo de obstar casos de evidente fraude na separação ou divórcio, com o intuito de burlar a vedação constitucional e perpetuar determinado grupo familiar no poder, pela eleição de filhos, cônjuges, netos, genros etc:

> *Súmula Vinculante 18:A dissolução da sociedade ou do vínculo conjugal, no curso do mandato, não afasta a inelegibilidade prevista no § 7º do art. 14 da CF.*

Segundo o Supremo, entretanto, a dissolução causada por morte de um dos cônjuges afasta a inelegibilidade reflexa, prevista no § 7º do art. 14 da CF (RE 758.461, Relator Ministro Teori Zavascki, Tribunal Pleno, julg. 22/5/2014).

Vamos levar o seguinte para a nossa prova:

Dissolução da sociedade conjugal por separação ou divórcio	Dissolução da sociedade por morte
Não afasta a inelegibilidade reflexa.	Afasta a inelegibilidade reflexa se ocorrer a morte durante o mandato.

Ainda na inelegibilidade reflexa, o STF considerou que se restringe ao território de jurisdição do titular, nos termos do § 7º do art. 14 da CF, e considerou inelegível para o cargo de Prefeito de Município resultante de desmembramento territorial o irmão do Prefeito do Município-mãe. Tal interpretação visou a impedir a formação de grupos hegemônicos nas instâncias políticas locais, em detrimento dos valores republicanos e democráticos, a comprometer a legitimidade do processo eleitoral (RE 158.314, rel. Min. Celso de Mello, julg. em 15.12.1992).

Outros julgados do Tribunal Superior Eleitoral assentaram que inelegibilidade reflexa por adoção se aplica aos filhos de criação, quando comprovada a relação socioafetiva entre o adotante e o adotado (REsp 5.410.103/PI, rel. Min. Arnaldo Versiani Leite Soares Decisão 22.06.2010).

Vamos analisar algumas questões sobre este tema extremamente cobrado em provas:

(FCC/AUDITOR FISCAL DA FAZENDA ESTADUAL/SEFAZ PI) Governador de Estado em exercício de segundo mandato não consecutivo pretende candidatar-se à reeleição e o filho que sua atual esposa adotara antes de se casarem, no início do mandato em curso, pretende candidatar-se a Deputado Estadual, pela primeira vez, no mesmo pleito, no mesmo Estado da federação. Nessa situação, consideradas as causas de inelegibilidade previstas na Constituição da República e supondo que as demais condições de elegibilidade estariam preenchidas por ambos,

(A) o Governador do Estado não poderia candidatar-se em hipótese alguma e o filho adotado por sua esposa somente poderia candidatar-se se já estivesse no exercício de mandato de Deputado Estadual.

(B) o Governador poderá candidatar-se, mas não o filho adotado por sua esposa, que é atingido por causa de inelegibilidade reflexa prevista na Constituição.

(C) o filho adotado pela esposa poderá candidatar-se, mas não o Governador, que é atingido por causa de inelegibilidade direta.

(D) tanto o Governador quanto o filho adotado por sua esposa poderão candidatar-se, por não serem atingidos por causas de inelegibilidade.

(E) nem o Governador do Estado, nem o filho adotado por sua esposa poderão candidatar-se, por serem ambos atingidos por causas de inelegibilidade.

Portanto, o filho da atual esposa do Governador, parente por afinidade em segundo grau, não poderá candidatar-se ao cargo de deputado estadual, por estar na jurisdição do titular (Estado), sendo atingido pela inelegibilidade reflexa prevista na Constituição.

Gabarito: alternativa "B".

(FCC/ANALISTA TAQUÍGRAFO/TRF 2ª REGIÃO) Analise as seguintes situações hipotéticas inerentes ao tema Direitos Políticos, de acordo com a Constituição Federal de 1988:

I. Xisto é Governador do estado do Amazonas. Fausto, seu filho, pretende candidatar-se, neste ano, ao cargo de Prefeito do Município de Rio Branco, Estado do Acre.

II. Ema, Prefeita de um determinado Município do Estado do Espírito Santo, após cumprir dois mandatos, lança como seu sucessor Pedro, seu cônjuge.

III. Paulo é Presidente da República Federativa do Brasil. Ricardo, seu irmão, pretende se candidatar, nessas eleições, ao cargo de prefeito do Município de Niterói/RJ.

Nestes casos, há INELEGIBILIDADE APENAS em

a) II.

b) I e II.

c) II e III.

d) I e III.

e) I.

Estabelece o artigo 14, § 7º, da CF que são inelegíveis, no território de jurisdição do titular, o cônjuge e os parentes consanguíneos ou afins, até o segundo grau ou por adoção, do Presidente da República, de Governador de Estado ou Território, do Distrito Federal, de Prefeito ou de quem os haja substituído dentro dos seis meses anteriores ao pleito, salvo se já titular de mandato eletivo e candidato à reeleição.

Item I: Não há inelegibilidade neste caso porque o filho do Governador do Amazonas deseja se candidatar a cargo no Estado do Acre, ou seja, em local que não pertence ao território de jurisdição do Governador titular do mandato atual.

Itens II e III: Não é possível a candidatura de Pedro ou de Ricardo porque, sendo cônjuge e irmão, respectivamente, e estando no território de jurisdição do titular (a jurisdição do Presidente da República é o território nacional), são alcançados pela inelegibilidade reflexa do § 7º do art. 14.

Gabarito: alternativa C.

(CESPE/JUIZ DE DIREITO/TJ RN) Considere que o ex-cônjuge de determinado governador de estado, após o trânsito em julgado do divórcio, que ocorreu no curso do mandato, deseje concorrer, na próxima eleição prevista, ao cargo de governador desse mesmo estado. Nessa situação, o ex-cônjuge é elegível.

No caso vertente, incide a INELEGIBILIDADE REFLEXA, por conta do entendimento firmado no STF e consolidado na Súmula Vinculante 18:

A dissolução da sociedade ou do vínculo conjugal, no curso do mandato, não afasta a inelegibilidade prevista no § 7º do art. 14 da CF.

Gabarito: ERRADA.

Inelegibilidade Militar

> *§ 8º - O militar alistável é elegível, atendidas as seguintes condições:*
>
> *I - se contar menos de dez anos de serviço, deverá afastar-se da atividade;*

II - se contar mais de dez anos de serviço, será agregado pela autoridade superior e, se eleito, passará automaticamente, no ato da diplomação, para a inatividade.

Vamos para nossas tabelas comparativas:

Militar candidato com MENOS de 10 anos de serviço	Militar candidato com MAIS de 10 anos de serviço
Deverá se afastar da atividade, ou seja, pedir exoneração.	➢ Será agregado pela autoridade superior, ou seja, sairá da atividade junto à tropa, trabalhando apenas na parte administrativa durante a campanha eleitoral. ➢ Caso seja eleito, será posto na inatividade, logo após a diplomação.

Inelegibilidade Legal

§ 9º Lei complementar estabelecerá outros casos de inelegibilidade e os prazos de sua cessação, a fim de proteger a probidade administrativa, a moralidade para exercício de mandato considerada vida pregressa do candidato, e a normalidade e legitimidade das eleições contra a influência do poder econômico ou o abuso do exercício de função, cargo ou emprego na administração direta ou indireta.

São casos de inelegibilidade trazidas pela legislação infraconstitucional, como por exemplo a LEI COMPLEMENTAR Nº 135, DE 4 DE JUNHO DE 2010 com casos de inelegibilidade, prazos de cessação e determina outras providências, para incluir hipóteses de inelegibilidade que visam a proteger a probidade administrativa e a moralidade no exercício do mandato.

7. IMPUGNAÇÃO DE MANDATO ELETIVO

> § 10º - O mandato eletivo poderá ser impugnado ante a Justiça Eleitoral no prazo de quinze dias contados da diplomação, instruída a ação com provas de abuso do poder econômico, corrupção ou fraude.
>
> § 11º - A ação de impugnação de mandato tramitará em segredo de justiça, respondendo o autor, na forma da lei, se temerária ou de manifesta má-fé.

A ação de impugnação de mandato eletivo é uma ação eleitoral, prevista na Constituição Federal, regulamentada pela Lei Complementar 64/1990 e normas do TSE, e que tem por objetivo impugnar o mandato eleitoral obtido com abuso de poder econômico, corrupção ou fraude.

É interposta em face de candidato já diplomado pela Justiça Eleitoral, e pode ser proposta perante os órgãos daquela Justiça, de acordo com o juízo de diplomação:

- TSE – expede o diploma de Presidente e Vice-Presidente da República;

- TRE – expede os diplomas de governadores e vices, deputados estaduais e federais, senadores e respectivos suplentes.

- Junta Eleitoral – expede os diplomas de prefeitos, vices e vereadores.

Pode ser proposta por partidos, coligações, candidatos e o Ministério Público.

8. PERDA E SUSPENSÃO DOS DIREITOS POLÍTICOS

O art. 15 da Constituição estabelece:

> Art. 15. É vedada a cassação (perda definitiva) de direitos políticos, cuja perda ou suspensão só se dará nos casos de:
>
> I - cancelamento da naturalização por sentença transitada em julgado;
>
> II - incapacidade civil absoluta;
>
> III - condenação criminal transitada em julgado, enquanto durarem seus efeitos;
>
> IV - recusa de cumprir obrigação a todos imposta ou prestação alternativa, nos termos do art. 5º, VIII;
>
> V - improbidade administrativa, nos termos do art. 37, § 4º.

Perda dos Direitos Políticos	Suspensão dos Direitos Políticos	Cassação dos Direitos Políticos
Casos em que existe um prazo indeterminado para retorno dos direitos políticos..	Casos em que existe um prazo determinado para retorno dos direitos políticos.	Vedada por nossa Constituição a retirada discriminatória, sem o devido processo legal de direitos políticos de uma pessoa.

Posso dizer que atualmente pela doutrina, a posição do professor Alexandre de Moraes é a mais aceita, apesar de algumas bancas considerar a posição minoritária:

Classificação Majoritária de casos de Perda e Suspensão dos Direitos Políticos

Hipóteses de perda dos direitos políticos:

> I - quando cancelada a naturalização, mediante ação para cancelamento da naturalização (art. 12, 4º, I,

> da CF) em virtude de atividade nociva ao interesse nacional;
>
> II - aquisição voluntária de outra nacionalidade, salvo nos casos ressalvados no inciso II do § 4º do art. 12;
>
> III - recusa em cumprir obrigação a todos imposta e o descumprimento de prestação alternativa nos termos do artigo 5º, VIII, da CF;

Hipóteses de suspensão dos direitos políticos:

> I - incapacidade civil absoluta - adquirida novamente a capacidade, retomam-se os direitos políticos;
>
> II - condenação judicial por improbidade administrativa (ação de natureza civil), nos termos do art. 37, § 4º, da CF;
>
> III - condenação penal transitada em julgado, enquanto durarem seus efeitos, nos termos do art. 15, III, da CF.
>
> IV – Improbidade Administrativa

A lei 8.429/1992 (Lei de Improbidade Administrativa) estabelece, em seu art. 12, a pena de suspensão dos direitos políticos, em prazos que vão de três a oito anos.

Classificação Minoritária de casos de Perda e Suspensão dos Direitos Políticos

Hipóteses de perda dos direitos políticos:

> I - quando cancelada a naturalização, mediante ação para cancelamento da naturalização (art. 12, 4º, I, da CF) em virtude de atividade nociva ao interesse nacional;

Hipóteses de suspensao dos direitos políticos:

> II - incapacidade civil absoluta;

III - condenação criminal transitada em julgado, enquanto durarem seus efeitos;

IV - recusa de cumprir obrigação a todos imposta ou prestação alternativa, nos termos do art. 5º, VIII;

V - improbidade administrativa, nos termos do art. 37, § 4º

9. PRINCÍPIO DA ANTERIORIDADE ELEITORAL

O artigo 16 da Constituição Federal estabelece que:

> Art. 16 a lei que alterar o processo eleitoral entrará em vigor na data de sua publicação, não se aplicando à eleição que ocorra até um ano da data de sua vigência.

Trata-se de uma questão de segurança jurídica, ou seja, regras eleitorais somente são válidas se aprovadas há mais de um ano das eleições.

10. QUESTÕES DE DIREITOS POLÍTICOS

Questão 1: FCC - Ana SD (DPE AM)/DPE AM/Psicologia/2018

ASSUNTO: SOBERANIA POPULAR (VOTO, PLEBISCITO, REFERENDO, INICIATIVA POPULAR), ALISTAMENTO E ELEGIBILIDADE

A Constituição Federal de 1988 estabelece, como regra geral, que são inalistáveis e inelegíveis como eleitores

    a) analfabetos.

    b) estrangeiros.

c) maiores de 70 anos.

d) maiores de 16 anos e menores de 18 anos.

e) que alegarem motivos de crença religiosa.

Questão 2: FCC - Ass TD (DPE AM)/DPE AM/Assistente Técnico Administrativo/2018

ASSUNTO: SOBERANIA POPULAR (VOTO, PLEBISCITO, REFERENDO, INICIATIVA POPULAR), ALISTAMENTO E ELEGIBILIDADE

Lei federal que fixe a pena de multa em dinheiro para os brasileiros, com idade entre 16 e 70 anos, que não tenham votado nem justificado sua ausência aos pleitos eleitorais de âmbito nacional e municipal mostra-se

a) inconstitucional, uma vez que a União não tem competência para legislar sobre a imposição de multa ao eleitor que não comparecer a pleito eleitoral de âmbito municipal.

b) inconstitucional, uma vez que a União poderia legislar apenas sobre normas gerais para a imposição de multa relativa a pleito eleitoral de âmbito municipal, embora possa legislar inteiramente sobre a multa relativa a pleito de âmbito nacional.

c) inconstitucional no que se refere à imposição de multa aos brasileiros maiores de 16 e menores de 18 anos, embora a multa possa ser imposta aos demais destinatários da lei.

d) inconstitucional no que se refere à imposição de multa aos brasileiros maiores de 16 e menores de 18 anos, bem como aos brasileiros maiores de 65 e menores de 70 anos.

e) constitucional, uma vez que a União legislou regularmente sobre a matéria.

Questão 3: FGV - AnaLM (CM Salvador)/CM Salvador/Legislativa/ Apoio de Plenário, Plenário, Apoio Técnico em Processos Legislativos, Protocolo de Processos/2018

ASSUNTO: SOBERANIA POPULAR (VOTO, PLEBISCITO, REFERENDO, INICIATIVA POPULAR), ALISTAMENTO E ELEGIBILIDADE

Pedro, de 18 anos, pretende ser candidato a vereador. É brasileiro naturalizado, está no pleno exercício dos direitos políticos, está filiado a partido político e tem domicílio eleitoral no Município limítrofe àquele em que pretende candidatar-se, tendo, portanto, pleno conhecimento da realidade social.

À luz da sistemática constitucional, Pedro:

a) preenche todas as condições de elegibilidade exigidas;

b) não preenche a condição de elegibilidade baseada no critério etário;

c) não preenche a condição de elegibilidade consistente no domicílio eleitoral;

d) não preenche a condição de elegibilidade consistente na nacionalidade brasileira nata;

e) não preenche as condições de elegibilidade consistentes no critério etário e no domicílio eleitoral.

Questão 4: FUNDATEC - Proc (ALERS)/ALERS/2018

ASSUNTO: SOBERANIA POPULAR (VOTO, PLEBISCITO, REFERENDO, INICIATIVA POPULAR), ALISTAMENTO E ELEGIBILIDADE

Conforme a Constituição Federal, quanto aos direitos políticos:

I. O militar alistável é elegível, e sempre deverá afastar-se da atividade.

II. O mandato eletivo poderá ser impugnado ante a Justiça Eleitoral no prazo de trinta dias contados da diplomação, instruída a ação com provas de abuso do poder econômico, corrupção ou fraude.

III. A ação de impugnação de mandato tramitará em segredo de justiça, respondendo o autor, na forma da lei, se temerária ou de manifesta má-fé.

Quais estão corretas?

a) Apenas I.

b) Apenas II.

c) Apenas III.

d) Apenas II e III.

e) I, II e III.

Questão 5: VUNESP - Del Pol (PC SP)/PC SP/2018

ASSUNTO: SOBERANIA POPULAR (VOTO, PLEBISCITO, REFERENDO, INICIATIVA POPULAR), ALISTAMENTO E ELEGIBILIDADE

Suponha que Joseph, brasileiro naturalizado e atualmente com 20 anos de idade, decida se candidatar ao cargo de Deputado Federal. Nesse caso, é correto afirmar que ele

a) não poderá se candidatar, pois além de não possuir a idade mínima exigida para a candidatura, o cargo é privativo de brasileiros natos.

b) não poderá se candidatar, uma vez que embora o cargo não seja privativo de brasileiros natos, Joseph não possui a idade mínima de 21 anos exigida pela Constituição.

c) não poderá se candidatar, pois ainda que possua a idade necessária para a candidatura, o cargo é privativo de brasileiros natos.

d) poderá se candidatar, pois o cargo é elegível tanto para brasileiros natos como naturalizados e a idade mínima exigida é 18 anos.

e) poderá se candidatar, pois o cargo é elegível tanto para brasileiros natos como naturalizados e a idade mínima exigida é 20 anos.

Questão 6: VUNESP - Proc Jur (CM Jabo)/CM Jaboticabal/2018

ASSUNTO: INELEGIBILIDADES (DIREITOS POLÍTICOS)

Suponha o seguinte caso:

Rômulo é irmão adotivo de Rêmulo. O primeiro é Prefeito do Município de Jaboticabal, e o segundo pretende se candidatar ao cargo de Prefeito de Leme; ambos estão situados no Estado de São Paulo.

Considerando as normas constitucionais a respeito dos direitos políticos, atendidas as demais exigências, é correto afirmar que Rêmulo

a) não tem impedimento à candidatura pretendida por ser irmão adotivo de Rômulo, pois somente os parentes consanguíneos até o segundo grau são inelegíveis nesse caso.

b) é elegível, uma vez que o fato de ser irmão adotivo de Rômulo, nesse caso, não o impede de ser candidato ao cargo pretendido.

c) é inelegível ao cargo pretendido por ser irmão de Rômulo e por pretender se candidatar a cargo dentro do mesmo Estado em que seu irmão é Prefeito Municipal.

d) não estaria impedido de se candidatar em relação ao parentesco por adoção, mas há inelegibilidade, no caso, em razão do princípio da moralidade da Administração Pública.

e) estará impedido à candidatura pretendida pela relação de parentesco com Rômulo, mas não haveria inelegibilidade para concorrer ao cargo de Prefeito de outro Município.

Questão 7: VUNESP - Proc (FAPESP)/FAPESP/2018

ASSUNTO: INELEGIBILIDADES (DIREITOS POLÍTICOS)

Segundo a Carta Magna brasileira, com relação aos direitos políticos, é correto afirmar que

a) são inelegíveis e inalistáveis os analfabetos e os estrangeiros, e quanto aos conscritos estes não podem alistar-se como eleitores durante o período de serviço militar obrigatório.

b) para concorrerem aos mesmos cargos, o Presidente da República, os Governadores de Estado e do Distrito Federal e os Prefeitos devem renunciar aos mandatos até seis meses antes do pleito.

c) o militar alistável é elegível, e se contar com menos de dez anos de serviço, se eleito, passará automaticamente, no ato da diplomação, para a inatividade.

d) o mandato eletivo poderá ser impugnado ante a Justiça Eleitoral no prazo de quinze dias contados da diplomação, instruída a ação com provas de abuso do poder econômico, corrupção ou fraude.

e) o cancelamento da naturalização por sentença transitada em julgado implicará na cassação dos direitos políticos do brasileiro naturalizado.

Questão 8: FCC - Tec Leg (ALESE)/ALESE/Taquigrafia/2018

ASSUNTO: INELEGIBILIDADES (DIREITOS POLÍTICOS)

À luz da Constituição Federal, consideradas exclusivamente as condições de elegibilidade relativas à nacionalidade e idade, um brasileiro naturalizado de 25 anos poderia, em tese, candidatar-se a

a) Senador, mas não poderia assumir a Presidência do Senado Federal.

b) Presidente da República.

c) Governador de Estado.

d) Vereador, mas não poderia assumir a Presidência da Câmara Municipal.

e) Deputado Federal, mas não poderia assumir a Presidência da Câmara dos Deputados.

Questão 9: FGV - OAB UNI NAC/OAB/XXVI Exame/2018

ASSUNTO: INELEGIBILIDADES (DIREITOS POLÍTICOS)

Juliano, governador do estado X, casa-se com Mariana, deputada federal eleita pelo estado Y, a qual já possuía uma filha chamada Letícia, advinda de outro relacionamento pretérito.

Na vigência do vínculo conjugal, enquanto Juliano e Mariana estão no exercício de seus mandatos, Letícia manifesta interesse em também ingressar na vida política, candidatandose ao cargo de deputada estadual, cujas eleições estão marcadas para o mesmo ano em que completa 23 (vinte e três) anos de idade.

A partir das informações fornecidas e com base no texto constitucional, assinale a afirmativa correta.

a) Letícia preenche a idade mínima para concorrer ao cargo de deputada estadual, mas não poderá concorrer no estado X, por expressa vedação constitucional, enquanto durar o mandato de Juliano.

b) Uma vez que Letícia está ligada a Juliano, seu padrasto, por laços de mera afinidade, inexiste vedação constitucional para que concorra ao cargo de deputada estadual no estado X.

c) Letícia não poderá concorrer por não ter atingido a idade mínima exigida pela Constituição como condição de elegibilidade para o exercício do mandato de deputada estadual.

d) Letícia não poderá concorrer nos estados X e Y, uma vez que a Constituição dispõe sobre a inelegibilidade reflexa ou indireta para os parentes consanguíneos ou afins até o 2º grau nos territórios de jurisdição dos titulares de mandato eletivo.

Questão 10: FCC - Tec Leg (CL DF)/CL DF/Fotógrafo/2018

ASSUNTO: INELEGIBILIDADES (DIREITOS POLÍTICOS)

A respeito do que estabelece a Constituição Federal sobre a nacionalidade e os direitos políticos,

a) não podem alistar-se como eleitores os estrangeiros e, durante o período do serviço militar obrigatório, os conscritos.

b) as idades mínimas para a elegibilidade relativa aos cargos de Presidente da República e Senador são, respectivamente, de 35 e 30 anos.

c) entre os cargos privativos de brasileiro nato, estão o de Presidente da República, Senador, Ministro do Supremo Tribunal Federal e oficial da Forças Armadas.

d) o alistamento eleitoral e o voto são facultativos para os maiores de 60 anos.

e) a lei não poderá estabelecer distinção entre brasileiros natos e naturalizados, salvo nos casos previstos na Constituição ou na Lei de Migração.

Questão 11: CESPE - EPF/PF/2018

ASSUNTO: INELEGIBILIDADES (DIREITOS POLÍTICOS)

Gilberto, brasileiro nato, completou sessenta e um anos de idade no mês de janeiro de 2018. Neste mesmo ano, transitou em julgado condenação criminal contra ele, tendo sido arbitrada, entre outras sanções, pena privativa de liberdade.

Considerando essa situação hipotética, julgue o item a seguir, com relação aos direitos políticos de Gilberto.

Em razão de sua idade, o ato de votar nas eleições de 2018 é facultativo para Gilberto.

Certo

Errado

Questão 12: CESPE - Ana Min (MPE PI)/MPE PI/Processual/2018

ASSUNTO: INELEGIBILIDADES (DIREITOS POLÍTICOS)

A propósito do que dispõe a Constituição Federal acerca dos direitos políticos dos analfabetos, julgue o item a seguir.

O analfabetismo não representará óbice à elegibilidade dos cidadãos, haja vista a garantia do amplo exercício dos direitos políticos, característica do estado democrático de direito.

- Certo
- Errado

Questão 13: CESPE - Tec Min (MPE PI)/MPE PI/Administrativa/2018

ASSUNTO: INELEGIBILIDADES (DIREITOS POLÍTICOS)

De acordo com as disposições da Constituição Federal de 1988 (CF) sobre princípios, direitos e garantias fundamentais, julgue o seguinte item.

Mandato eletivo poderá ser impugnado na justiça eleitoral mediante ação de impugnação de mandato, cujos atos terão de ser públicos, em obediência ao princípio da publicidade.

- Certo
- Errado

Questão 14: VUNESP - Inv Pol (PC SP)/PC SP/2018

ASSUNTO: PERDA E SUSPENSÃO DOS DIREITOS POLÍTICOS

Segundo a Constituição Federal, a condenação criminal, transitada em julgado, implica

a) no imediato cancelamento da naturalização do brasileiro naturalizado.

b) na imposição automática de reparar os danos causados à vítima.

c) na cassação dos direitos políticos do condenado.

d) no impedimento de votar e de ser votado pelo prazo de 10 (dez) anos.

e) na perda ou suspensão dos direitos políticos, enquanto durarem seus efeitos.

Questão 15: FGV - Tec (MPE AL)/MPE AL/Geral/2018

ASSUNTO: PERDA E SUSPENSÃO DOS DIREITOS POLÍTICOS

João praticou um crime e foi condenado, em sentença criminal transitada em julgado, a (10) dez anos de reclusão.

Considerando a sistemática constitucional afeta à suspensão ou à perda dos direitos políticos, é correto afirmar que a referida condenação criminal acarreta

a) a suspensão dos direitos políticos por tempo equivalente ao dobro da pena privativa de liberdade.

b) a suspensão dos direitos políticos pelo tempo que venha a ser determinado pelo Juiz Eleitoral.

c) a suspensão dos direitos políticos pelo tempo determinado pelo Juiz que a proferiu.

d) a suspensão dos direitos políticos enquanto a condenação produzir os seus efeitos.

e) a perda definitiva dos direitos políticos.

11. QUESTÕES COMENTADAS DE DIREITOS POLÍTICOS

Questão 1: FCC - Ana SD (DPE AM)/DPE AM/Psicologia/2018

ASSUNTO: SOBERANIA POPULAR (VOTO, PLEBISCITO, REFERENDO, INICIATIVA POPULAR), ALISTAMENTO E ELEGIBILIDADE

A Constituição Federal de 1988 estabelece, como regra geral, que são inalistáveis e inelegíveis como eleitores

a) analfabetos.

b) estrangeiros.

c) maiores de 70 anos.

d) maiores de 16 anos e menores de 18 anos.

e) que alegarem motivos de crença religiosa.

Gabarito: letra B.

A Constituição Federal de 1988 estabelece, como regra geral, que são inalistáveis e inelegíveis como eleitores:

b) estrangeiros.

É o que prevê o art. 14, § 4º, da Constituição Federal:

Art. 14. A soberania popular será exercida pelo sufrágio universal e pelo voto direto e secreto, com valor igual para todos, e, nos termos da lei, mediante:

§ 4º São inelegíveis os inalistáveis e os analfabetos.

Questão 2: FCC - Ass TD (DPE AM)/DPE AM/Assistente Técnico Administrativo/2018

ASSUNTO: SOBERANIA POPULAR (VOTO, PLEBISCITO, REFERENDO, INICIATIVA POPULAR), ALISTAMENTO E ELEGIBILIDADE

Lei federal que fixe a pena de multa em dinheiro para os brasileiros, com idade entre 16 e 70 anos, que não tenham votado nem justificado sua ausência aos pleitos eleitorais de âmbito nacional e municipal mostra-se

a) inconstitucional, uma vez que a União não tem competência para legislar sobre a imposição de multa ao eleitor que não comparecer a pleito eleitoral de âmbito municipal.

b) inconstitucional, uma vez que a União poderia legislar apenas sobre normas gerais para a imposição de multa relativa a pleito eleitoral de âmbito municipal, embora possa legislar inteiramente sobre a multa relativa a pleito de âmbito nacional.

c) inconstitucional no que se refere à imposição de multa aos brasileiros maiores de 16 e menores de 18 anos, embora a multa possa ser imposta aos demais destinatários da lei.

d) inconstitucional no que se refere à imposição de multa aos brasileiros maiores de 16 e menores de 18 anos, bem como aos brasileiros maiores de 65 e menores de 70 anos.

e) constitucional, uma vez que a União legislou regularmente sobre a matéria.

Gabarito: C

Lei federal que fixe a pena de multa em dinheiro para os brasileiros, com idade entre 16 e 70 anos, que não tenham votado nem justificado sua ausência aos pleitos eleitorais de âmbito nacional e municipal mostra-se:

c) inconstitucional no que se refere à imposição de multa aos brasileiros maiores de 16 e menores de 18 anos, embora a multa possa ser imposta aos demais destinatários da lei.

A lei padece de inconstitucionalidade material em virtude de que o alistamento eleitoral e o voto são facultativos para os maiores de dezesseis e menores de dezoito anos, não podendo haver penalização desse público no caso de não comparecimento à seção eleitoral para votação (art. 14, §1º, II, "c", da Constituição):

Art. 14. A soberania popular será exercida pelo sufrágio universal e pelo voto direto e secreto, com valor igual para todos, e, nos termos da lei, mediante:

§ 1º O alistamento eleitoral e o voto são:

II - facultativos para:

a) os analfabetos;

b) os maiores de setenta anos;

c) os maiores de dezesseis e menores de dezoito anos.

Questão 3: FGV - AnaLM (CM Salvador)/CM Salvador/Legislativa/ Apoio de Plenário, Plenário, Apoio Técnico em Processos Legislativos, Protocolo de Processos/2018

ASSUNTO: SOBERANIA POPULAR (VOTO, PLEBISCITO, REFERENDO, INICIATIVA POPULAR), ALISTAMENTO E ELEGIBILIDADE

Pedro, de 18 anos, pretende ser candidato a vereador. É brasileiro naturalizado, está no pleno exercício dos direitos políticos, está filiado a partido político e tem domicílio eleitoral no Município limítrofe àquele em que pretende candidatar-se, tendo, portanto, pleno conhecimento da realidade social.

À luz da sistemática constitucional, Pedro:

a) preenche todas as condições de elegibilidade exigidas;

b) não preenche a condição de elegibilidade baseada no critério etário;

c) não preenche a condição de elegibilidade consistente no domicílio eleitoral;

d) não preenche a condição de elegibilidade consistente na nacionalidade brasileira nata;

e) não preenche as condições de elegibilidade consistentes no critério etário e no domicílio eleitoral.

Gabarito: letra C

Pedro, de 18 anos, pretende ser candidato a vereador. É brasileiro naturalizado, está no pleno exercício dos direitos políticos, está filiado a partido político e tem domicílio eleitoral no Município limítrofe àquele em que pretende candidatar-se, tendo, portanto, pleno conhecimento da realidade social. À luz da sistemática constitucional, Pedro:

c) não preenche a condição de elegibilidade consistente no domicílio eleitoral;

Correto, pois uma das condições de elegibilidade (capacidade eleitoral passiva) é o domicílio eleitoral na circunscrição em que será candidato, no caso, o município onde eventualmente será eleito (art. 14, § 3º, IV, CF). Quanto a ser brasileiro naturalizado, não há qualquer problema (art. 14, § 1º, I, CF), e nem tampouco com relação à idade de 18 anos, para o cargo de vereador (art. 14, § 4º, IV, "d", CF).

Art. 14. A soberania popular será exercida pelo sufrágio universal e pelo voto direto e secreto, com valor igual para todos, e, nos termos da lei, mediante:

§ 3º São condições de elegibilidade, na forma da lei:

I - a nacionalidade brasileira;

II - o pleno exercício dos direitos políticos;

III - o alistamento eleitoral;

IV - o domicílio eleitoral na circunscrição;

V - a filiação partidária;

VI - a idade mínima de:

a) trinta e cinco anos para Presidente e Vice-Presidente da República e Senador;

b) trinta anos para Governador e Vice-Governador de Estado e do Distrito Federal;

c) vinte e um anos para Deputado Federal, Deputado Estadual ou Distrital, Prefeito, Vice-Prefeito e juiz de paz;

d) dezoito anos para Vereador.

Questão 4: FUNDATEC - Proc (ALERS)/ALERS/2018

Assunto: Soberania Popular (voto, plebiscito, referendo, iniciativa popular), Alistamento e Elegibilidade

Conforme a Constituição Federal, quanto aos direitos políticos:

I. O militar alistável é elegível, e sempre deverá afastar-se da atividade.

II. O mandato eletivo poderá ser impugnado ante a Justiça Eleitoral no prazo de trinta dias contados da diplomação, instruída a ação com provas de abuso do poder econômico, corrupção ou fraude.

III. A ação de impugnação de mandato tramitará em segredo de justiça, respondendo o autor, na forma da lei, se temerária ou de manifesta má-fé.

Quais estão corretas?

a) Apenas I.

b) Apenas II.

c) Apenas III.

d) Apenas II e III.

e) I, II e III.

O gabarito é a letra C.

Apenas o item III está correto, pois está em consonância com o disposto no art.14,§10 da Constituição Federal:

"Art. 14. A soberania popular será exercida pelo sufrágio universal e pelo voto direto e secreto, com valor igual para todos, e, nos termos da lei, mediante:

§ 10. O mandato eletivo poderá ser impugnado ante a Justiça Eleitoral no prazo de quinze dias contados da diplomação, instruída a ação com provas de abuso do poder econômico, corrupção ou fraude».

Questão 5: VUNESP - Del Pol (PC SP)/PC SP/2018

ASSUNTO: SOBERANIA POPULAR (VOTO, PLEBISCITO, REFERENDO, INICIATIVA POPULAR), ALISTAMENTO E ELEGIBILIDADE

Suponha que Joseph, brasileiro naturalizado e atualmente com 20 anos de idade, decida se candidatar ao cargo de Deputado Federal. Nesse caso, é correto afirmar que ele

a) não poderá se candidatar, pois além de não possuir a idade mínima exigida para a candidatura, o cargo é privativo de brasileiros natos.

b) não poderá se candidatar, uma vez que embora o cargo não seja privativo de brasileiros natos, Joseph não possui a idade mínima de 21 anos exigida pela Constituição.

c) não poderá se candidatar, pois ainda que possua a idade necessária para a candidatura, o cargo é privativo de brasileiros natos.

d) poderá se candidatar, pois o cargo é elegível tanto para brasileiros natos como naturalizados e a idade mínima exigida é 18 anos.

e) poderá se candidatar, pois o cargo é elegível tanto para brasileiros natos como naturalizados e a idade mínima exigida é 20 anos.

Gabarito: Letra B.

A Constituição Federal estabeleceu, dentre outras condições de elegibilidade, a idade mínima de vinte e um anos para a investidura no cargo de Deputado Federal, consoante norma inscrita no art.14,§3º,VI,c:

"Art. 14. A soberania popular será exercida pelo sufrágio universal e pelo voto direto e secreto, com valor igual para todos, e, nos termos da lei, mediante:

§ 3º São condições de elegibilidade, na forma da lei:

VI - a idade mínima de:

c) vinte e um anos para Deputado Federal, Deputado Estadual ou Distrital, Prefeito, Vice-Prefeito e juiz de paz".

Questão 6: VUNESP - Proc Jur (CM Jabo)/CM Jaboticabal/2018

ASSUNTO: INELEGIBILIDADES (DIREITOS POLÍTICOS)

Suponha o seguinte caso:

Rômulo é irmão adotivo de Rêmulo. O primeiro é Prefeito do Município de Jaboticabal, e o segundo pretende se candidatar ao cargo de Prefeito de Leme; ambos estão situados no Estado de São Paulo.

Considerando as normas constitucionais a respeito dos direitos políticos, atendidas as demais exigências, é correto afirmar que Rêmulo

a) não tem impedimento à candidatura pretendida por ser irmão adotivo de Rômulo, pois somente os parentes consanguíneos até o segundo grau são inelegíveis nesse caso.

b) é elegível, uma vez que o fato de ser irmão adotivo de Rômulo, nesse caso, não o impede de ser candidato ao cargo pretendido.

c) é inelegível ao cargo pretendido por ser irmão de Rômulo e por pretender se candidatar a cargo dentro do mesmo Estado em que seu irmão é Prefeito Municipal.

d) não estaria impedido de se candidatar em relação ao parentesco por adoção, mas há inelegibilidade, no caso, em razão do princípio da moralidade da Administração Pública.

e) estará impedido à candidatura pretendida pela relação de parentesco com Rômulo, mas não haveria inelegibilidade para concorrer ao cargo de Prefeito de outro Município.

Gabarito: letra B.

Suponha o seguinte caso: Rômulo é irmão adotivo de Rêmulo. O primeiro é Prefeito do Município de Jaboticabal, e o segundo pretende se candidatar ao cargo de Prefeito de Leme; ambos estão situados no Estado de São Paulo. Considerando as normas constitucionais a respeito dos direitos políticos, atendidas as demais exigências, é correto afirmar que Rêmulo

b) é elegível, uma vez que o fato de ser irmão adotivo de Rômulo, nesse caso, não o impede de ser candidato ao cargo pretendido.

Correta interpretação do art. 14, § 7°, da Constituição Federal, vez que o território de jurisdição de Rômulo é somente o município de Jaboticabal, enquanto que Rêmulo deseja se candidatar a prefeito de Leme, outra jurisdição. Mesmo sendo ambos parentes em segundo grau por adoção, não há inelegibilidade reflexa na hipótese em apreço:

Art. 14.........

§ 7° São inelegíveis, no território de jurisdição do titular, o cônjuge e os parentes consanguíneos ou afins, até o segundo grau ou por adoção, do Presidente da República, de Governador de Estado ou Território, do Distrito Federal, de Prefeito ou de quem os haja substituído dentro dos seis meses anteriores ao pleito, salvo se já titular de mandato eletivo e candidato à reeleição.

Questão 7: VUNESP - Proc (FAPESP)/FAPESP/2018

ASSUNTO: INELEGIBILIDADES (DIREITOS POLÍTICOS)

Segundo a Carta Magna brasileira, com relação aos direitos políticos, é correto afirmar que

a) são inelegíveis e inalistáveis os analfabetos e os estrangeiros, e quanto aos conscritos estes não podem alistar-se como eleitores durante o período de serviço militar obrigatório.

b) para concorrerem aos mesmos cargos, o Presidente da República, os Governadores de Estado e do Distrito Federal e os Prefeitos devem renunciar aos mandatos até seis meses antes do pleito.

c) o militar alistável é elegível, e se contar com menos de dez anos de serviço, se eleito, passará automaticamente, no ato da diplomação, para a inatividade.

d) o mandato eletivo poderá ser impugnado ante a Justiça Eleitoral no prazo de quinze dias contados da diplomação, instruída a ação com provas de abuso do poder econômico, corrupção ou fraude.

e) o cancelamento da naturalização por sentença transitada em julgado implicará na cassação dos direitos políticos do brasileiro naturalizado.

Gabarito: letra D.

Segundo a Carta Magna brasileira, com relação aos direitos políticos, é correto afirmar que

d) o mandato eletivo poderá ser impugnado ante a Justiça Eleitoral no prazo de quinze dias contados da diplomação, instruída a ação com provas de abuso do poder econômico, corrupção ou fraude.

Correto, nos termos do art. 14, §§ 10 e 11, da Constituição Federal:

Art. 14.

§ 10 - O mandato eletivo poderá ser impugnado ante a Justiça Eleitoral no prazo de quinze dias contados da diplomação, instruída a ação com provas de abuso do poder econômico, corrupção ou fraude.

§ 11 - A ação de impugnação de mandato tramitará em segredo de justiça, respondendo o autor, na forma da lei, se temerária ou de manifesta má-fé.

Questão 8: FCC - Tec Leg (ALESE)/ALESE/Taquigrafia/2018

ASSUNTO: INELEGIBILIDADES (DIREITOS POLÍTICOS)

À luz da Constituição Federal, consideradas exclusivamente as condições de elegibilidade relativas à nacionalidade e idade, um brasileiro naturalizado de 25 anos poderia, em tese, candidatar-se a

a) Senador, mas não poderia assumir a Presidência do Senado Federal.

b) Presidente da República.

c) Governador de Estado.

d) Vereador, mas não poderia assumir a Presidência da Câmara Municipal.

e) Deputado Federal, mas não poderia assumir a Presidência da Câmara dos Deputados.

Gabarito: letra E.

À luz da Constituição Federal, consideradas exclusivamente as condições de elegibilidade relativas à nacionalidade e idade, um brasileiro naturalizado de 25 anos poderia, em tese, candidatar-se a:

e) Deputado Federal, mas não poderia assumir a Presidência da Câmara dos Deputados.

Correto, em função do disposto no art. 14, § 3º, VI, "c" e art. 12, § 3º, II, da Constituição Federal, uma vez que não é necessária a nacionalidade brasileira originária para o exercício de cargo parlamentar, mas apenas brasileiros natos podem exercer a função de Presidente da Câmara dos Deputados e do Senado Federal, pelo motivo de que estes compõem a linha sucessória do Presidente da República, também cargo privativo de brasileiro nato:

Art. 14. A soberania popular será exercida pelo sufrágio universal e pelo voto direto e secreto, com valor igual para todos, e, nos termos da lei, mediante:

§ 3º São condições de elegibilidade, na forma da lei:

I - a nacionalidade brasileira;

VI - a idade mínima de:

a) trinta e cinco anos para Presidente e Vice-Presidente da República e Senador;

b) trinta anos para Governador e Vice-Governador de Estado e do Distrito Federal;

c) vinte e um anos para Deputado Federal, Deputado Estadual ou Distrital, Prefeito, Vice-Prefeito e juiz de paz;

d) dezoito anos para Vereador.

Art. 12..........

§ 3º São privativos de brasileiro nato os cargos:

I - de Presidente e Vice-Presidente da República;

II - de Presidente da Câmara dos Deputados;

III - de Presidente do Senado Federal;

IV - de Ministro do Supremo Tribunal Federal;

V - da carreira diplomática;

VI - de oficial das Forças Armadas.

VII - de Ministro de Estado da Defesa

Questão 9: FGV - OAB UNI NAC/OAB/XXVI Exame/2018

ASSUNTO: INELEGIBILIDADES (DIREITOS POLÍTICOS)

Juliano, governador do estado X, casa-se com Mariana, deputada federal eleita pelo estado Y, a qual já possuía uma filha chamada Letícia, advinda de outro relacionamento pretérito.

Na vigência do vínculo conjugal, enquanto Juliano e Mariana estão no exercício de seus mandatos, Letícia manifesta interesse em também ingressar na vida política, candidatandose ao cargo de deputada estadual, cujas eleições estão marcadas para o mesmo ano em que completa 23 (vinte e três) anos de idade.

A partir das informações fornecidas e com base no texto constitucional, assinale a afirmativa correta.

a) Letícia preenche a idade mínima para concorrer ao cargo de deputada estadual, mas não poderá concorrer no estado X, por expressa vedação constitucional, enquanto durar o mandato de Juliano.

b) Uma vez que Letícia está ligada a Juliano, seu padrasto, por laços de mera afinidade, inexiste vedação constitucional para que concorra ao cargo de deputada estadual no estado X.

c) Letícia não poderá concorrer por não ter atingido a idade mínima exigida pela Constituição como condição de elegibilidade para o exercício do mandato de deputada estadual.

d) Letícia não poderá concorrer nos estados X e Y, uma vez que a Constituição dispõe sobre a inelegibilidade reflexa ou indireta para os parentes consanguíneos ou afins até o 2º grau nos territórios de jurisdição dos titulares de mandato eletivo.

A resposta é letra "A".

De partida, temos que a idade mínima para ser Deputado é de 21 anos. Portanto, não há qualquer impedimento, nesse aspecto.

Vejamos, agora, outro trecho da CF:

Art. 14. A soberania popular será exercida pelo sufrágio universal e pelo voto direto e secreto, com valor igual para todos, e, nos termos da lei, mediante:

(...)

§ 7º São inelegíveis, no território de jurisdição do titular, o cônjuge e os parentes consangüíneos ou afins, até o segundo grau ou por adoção, do Presidente da República, de Governador de Estado ou Território, do Distrito Federal, de Prefeito ou de quem os haja substituído dentro dos seis meses anteriores ao pleito, salvo se já titular de mandato eletivo e candidato à reeleição.

Portanto, se não houver a desincompatibilização do Governador, sua filha não poderá se candidatar ao cargo de Deputada, afinal ela não é titular de mandato eletivo, e concorre à reeleição.

Gabarito: Letra A.

Questão 10: FCC - Tec Leg (CL DF)/CL DF/Fotógrafo/2018

ASSUNTO: INELEGIBILIDADES (DIREITOS POLÍTICOS)

A respeito do que estabelece a Constituição Federal sobre a nacionalidade e os direitos políticos,

a) não podem alistar-se como eleitores os estrangeiros e, durante o período do serviço militar obrigatório, os conscritos.

b) as idades mínimas para a elegibilidade relativa aos cargos de Presidente da República e Senador são, respectivamente, de 35 e 30 anos.

c) entre os cargos privativos de brasileiro nato, estão o de Presidente da República, Senador, Ministro do Supremo Tribunal Federal e oficial da Forças Armadas.

d) o alistamento eleitoral e o voto são facultativos para os maiores de 60 anos.

e) a lei não poderá estabelecer distinção entre brasileiros natos e naturalizados, salvo nos casos previstos na Constituição ou na Lei de Migração.

Gabarito: Letra A.

A respeito do que estabelece a Constituição Federal sobre a nacionalidade e os direitos políticos,

a) não podem alistar-se como eleitores os estrangeiros e, durante o período do serviço militar obrigatório, os conscritos.

Correto, nos termos do art. 14, § 2º, CF:

Art. 14. A soberania popular será exercida pelo sufrágio universal e pelo voto direto e secreto, com valor igual para todos, e, nos termos da lei, mediante:

§ 2º Não podem alistar-se como eleitores os estrangeiros e, durante o período do serviço militar obrigatório, os conscritos.

Questão 11: CESPE - EPF/PF/2018

ASSUNTO: INELEGIBILIDADES (DIREITOS POLÍTICOS)

Gilberto, brasileiro nato, completou sessenta e um anos de idade no mês de janeiro de 2018. Neste mesmo ano, transitou em julgado condenação criminal contra ele, tendo sido arbitrada, entre outras sanções, pena privativa de liberdade.

Considerando essa situação hipotética, julgue o item a seguir, com relação aos direitos políticos de Gilberto.

Em razão de sua idade, o ato de votar nas eleições de 2018 é facultativo para Gilberto.

Certo

Errado

Gabarito: ERRADO.

Gilberto, brasileiro nato, completou sessenta e um anos de idade no mês de janeiro de 2018. Neste mesmo ano, transitou em julgado condenação criminal contra ele, tendo sido arbitrada, entre outras sanções, pena privativa de liberdade.

Considerando essa situação hipotética, julgue o item a seguir, com relação aos direitos políticos de Gilberto.

Em razão de sua idade, o ato de votar nas eleições de 2018 é facultativo para Gilberto.

Errado, pois o voto facultativo é apenas para os maiores de setenta anos. Além disso, como Gilberto foi condenado em sentença criminal transitada em julgado, teve suspenso seus direitos políticos pelo prazo de cumprimento da pena (art. 15, III, CF):

Art. 14. A soberania popular será exercida pelo sufrágio universal e pelo voto direto e secreto, com valor igual para todos, e, nos termos da lei, mediante:

....

§ 1º O alistamento eleitoral e o voto são:

I - obrigatórios para os maiores de dezoito anos;

II - facultativos para:

a) os analfabetos;

b) os maiores de setenta anos;

c) os maiores de dezesseis e menores de dezoito anos.

Art. 15. É vedada a cassação de direitos políticos, cuja perda ou suspensão só se dará nos casos de:

I - cancelamento da naturalização por sentença transitada em julgado;

II - incapacidade civil absoluta;

III - condenação criminal transitada em julgado, enquanto durarem seus efeitos;

Questão 12: CESPE - Ana Min (MPE PI)/MPE PI/Processual/2018

ASSUNTO: INELEGIBILIDADES (DIREITOS POLÍTICOS)

A propósito do que dispõe a Constituição Federal acerca dos direitos políticos dos analfabetos, julgue o item a seguir.

O analfabetismo não representará óbice à elegibilidade dos cidadãos, haja vista a garantia do amplo exercício dos direitos políticos, característica do estado democrático de direito.

Certo

Errado

Gabarito: errado.

A propósito do que dispõe a Constituição Federal acerca dos direitos políticos dos analfabetos, julgue o item a seguir.

O analfabetismo não representará óbice à elegibilidade dos cidadãos, haja vista a garantia do amplo exercício dos direitos políticos, característica do estado democrático de direito.

Errado, pois os analfabetos dispõem da capacidade eleitoral ativa (direito de votar), e não dispõem da capacidade eleitoral passiva (direito de concorrerem a cargo eletivo), por força do art. 14, § 1º, II, "a" e § 4º, da Constituição Federal:

Art. 14..........

§ 1º O alistamento eleitoral e o voto são:

I - obrigatórios para os maiores de dezoito anos;

II - facultativos para:

a) os analfabetos;

b) os maiores de setenta anos;

c) os maiores de dezesseis e menores de dezoito anos.

....

§ 4º São inelegíveis os inalistáveis e os analfabetos.

Questão 13: CESPE - Tec Min (MPE PI)/MPE PI/Administrativa/2018

ASSUNTO: INELEGIBILIDADES (DIREITOS POLÍTICOS)

De acordo com as disposições da Constituição Federal de 1988 (CF) sobre princípios, direitos e garantias fundamentais, julgue o seguinte item.

Mandato eletivo poderá ser impugnado na justiça eleitoral mediante ação de impugnação de mandato, cujos atos terão de ser públicos, em obediência ao princípio da publicidade.

Certo

Errado

Gabarito: errado.

De acordo com as disposições da Constituição Federal de 1988 (CF) sobre princípios, direitos e garantias fundamentais, julgue o seguinte item.

Mandato eletivo poderá ser impugnado na justiça eleitoral mediante ação de impugnação de mandato, cujos atos terão de ser públicos, em obediência ao princípio da publicidade.

Errado. A ação de impugnação de mandato eletivo é uma ação eleitoral, prevista na Constituição Federal em seu artigo 14, §§ 10 e 11, e tramitará em segredo de justiça (errada, portanto, a assertiva). É regulamentada pela Lei Complementar 64/1990 e normas do TSE, e que tem por objetivo impugnar o mandato eleitoral obtido com abuso de poder econômico, corrupção ou fraude.

É interposta em face de candidato já diplomado pela Justiça Eleitoral, e pode ser proposta perante os órgãos daquela Justiça, de acordo com o juízo de diplomação:

TSE – expede o diploma de Presidente e Vice-Presidente da República;

TRE – expede os diplomas de governadores e vices, deputados estaduais e federais, senadores e respectivos suplentes.

Junta Eleitoral – expede os diplomas de prefeitos, vices e vereadores.

Pode ser proposta por partidos, coligações, candidatos e o Ministério Público.

Art. 14.

§ 10º - O mandato eletivo poderá ser impugnado ante a Justiça Eleitoral no prazo de quinze dias contados da diplomação, instruída a ação com provas de abuso do poder econômico, corrupção ou fraude.

§ 11º - A ação de impugnação de mandato tramitará em segredo de justiça, respondendo o autor, na forma da lei, se temerária ou de manifesta má-fé.

Questão 14: VUNESP - Inv Pol (PC SP)/PC SP/2018

ASSUNTO: PERDA E SUSPENSÃO DOS DIREITOS POLÍTICOS

Segundo a Constituição Federal, a condenação criminal, transitada em julgado, implica

    a) no imediato cancelamento da naturalização do brasileiro naturalizado.

b) na imposição automática de reparar os danos causados à vítima.

c) na cassação dos direitos políticos do condenado.

d) no impedimento de votar e de ser votado pelo prazo de 10 (dez) anos.

e) na perda ou suspensão dos direitos políticos, enquanto durarem seus efeitos.

ALTERNATIVA "E":

É exatamente o que preleciona o artigo 15, inciso III, da CF/88:

Art. 15. É vedada a cassação de direitos políticos, cuja perda ou suspensão só se dará nos casos de:

III - condenação criminal transitada em julgado, enquanto durarem seus efeitos;

É importante mencionar que a CF/88 dispõe que a privação dos direitos políticos (perda ou suspensão), neste inciso III, ocorre em situações de condenação criminal independentemente do tipo de pena (privativa de liberdade ou restritiva de direitos, por exemplo) e do regime em que estejam sendo cumpridas (regime fechado, semi-aberto ou aberto).

Desta feita, tendo sido analisadas todas as alternativas, fica fácil notar que a resposta correta é a letra "E".

Questão 15: FGV - Tec (MPE AL)/MPE AL/Geral/2018

ASSUNTO: PERDA E SUSPENSÃO DOS DIREITOS POLÍTICOS

João praticou um crime e foi condenado, em sentença criminal transitada em julgado, a (10) dez anos de reclusão.

Considerando a sistemática constitucional afeta à suspensão ou à perda dos direitos políticos, é correto afirmar que a referida condenação criminal acarreta

a) a suspensão dos direitos políticos por tempo equivalente ao dobro da pena privativa de liberdade.

b) a suspensão dos direitos políticos pelo tempo que venha a ser determinado pelo Juiz Eleitoral.

c) a suspensão dos direitos políticos pelo tempo determinado pelo Juiz que a proferiu.

d) a suspensão dos direitos políticos enquanto a condenação produzir os seus efeitos.

e) a perda definitiva dos direitos políticos.

Gabarito: letra D.

João praticou um crime e foi condenado, em sentença criminal transitada em julgado, a (10) dez anos de reclusão. Considerando a sistemática constitucional afeta à suspensão ou à perda dos direitos políticos, é correto afirmar que a referida condenação criminal acarreta.

d) a suspensão dos direitos políticos enquanto a condenação produzir os seus efeitos.

A classificação de perda ou suspensão dos direitos políticos é um verdadeiro "samba do crioulo doido". O art. 15 da Constituição estabelece:

Art. 15. É vedada a cassação (perda definitiva) de direitos políticos, cuja perda ou suspensão só se dará nos casos de:

I - cancelamento da naturalização por sentença transitada em julgado;

II - incapacidade civil absoluta;

III - condenação criminal transitada em julgado, enquanto durarem seus efeitos;

IV - recusa de cumprir obrigação a todos imposta ou prestação alternativa, nos termos do art. 5º, VIII;

V - improbidade administrativa, nos termos do art. 37, § 4º.

CAPÍTULO III

PARTIDOS POLÍTICOS

Vamos começar com o que mais perguntam sobre partidos políticos em provas, memorize: **Os partidos políticos são pessoas jurídicas de direito privado.**

Pronto, apenas com a informação acima já vamos acertar várias questões.

A finalidade da existência de partidos políticos é para a assegurar, o interesse do regime democrático, a autenticidade do sistema representativo e a defender os direitos fundamentais definidos na Constituição Federal.

1. PRINCÍPIO DA LIBERDADE DE CRIAÇÃO DE PARTIDOS POLÍTICOS

Art. 17. É livre a criação, fusão, incorporação e extinção de partidos políticos, resguardados a soberania nacional, o regime democrático, o pluripartidarismo, os direitos fundamentais da pessoa humana e observados os seguintes preceitos:

I - caráter nacional;

II - proibição de recebimento de recursos financeiros de entidade ou governo estrangeiros ou de subordinação a estes;

III - prestação de contas à Justiça Eleitoral;

IV - funcionamento parlamentar de acordo com a lei.

2. CONCEITO DE PARTIDOS POLÍTICOS SEGUNDO JOSÉ AFONSO DA SILVA (CONCEITO MAIS COBRADO EM PROVAS)

> "Partido político é uma forma de agremiação de um grupo social que se propõe a organizar, coordenar e instrumentar a vontade popular com o fim de assumir o poder para realizar seu programa de governo" (SILVA, José Afonso da. Curso de Direito Constitucional Positivo. 30ª ed. São Paulo: Malheiros, 2008, p. 394)

Outra conceituação de partido político está no art. 1º, da Lei 9.096/1995:

> Art. 1º Os partidos políticos são pessoas jurídicas de direito privado, destinados a assegurar, no interesse do regime democrático, a autenticidade do sistema representativo e a defender os direitos fundamentais definidos na Constituição Federal.

3. PROCEDIMENTO DE CRIAÇÃO DE PARTIDO POLÍTICO

1) Por ser uma pessoa jurídica de direito privado deve ser registrado em Cartório de Registro Civil das Pessoas Jurídicas em Brasília. A partir deste momento adquire personalidade jurídica com natureza de Associação Civil Comum.

2) Preenchimento de outros requisitos constantes na Lei de Registros Públicos.

3) Requerimento de certidão de inteiro teor informando o cumprimento de todos os requisitos.

4) Prazo de 100 dias para informar ao Tribunal Superior Eleitoral sobre a sua criação (chamada Notícia de Criação de Partido Político).

5) Registro dos estatutos no Tribunal Superior Eleitoral, sendo a partir deste momento que receberá a denominação de partido político com nome e sigla, sendo vedada a utilização por outros partidos.

4. FUNDO PARTIDÁRIO (CLÁUSULA DE BARREIRA)

Recentemente com a publicação da Emenda Constitucional 97/2017, ficaram vedadas as coligações partidárias nas eleições proporcionais, e foram estabelecidas normas sobre acesso dos partidos políticos aos recursos do fundo partidário e ao tempo de propaganda gratuito no rádio e na televisão além de regras de transição.

> Art. 17, parágrafo 3º., da Constituição Federal:
>
> § 3º Somente terão direito a recursos do fundo partidário e acesso gratuito ao rádio e à televisão, na forma da lei, os partidos políticos que alternativamente: (Redação dada pela Emenda Constitucional nº 97, de 2017)
>
> I - obtiverem, nas eleições para a Câmara dos Deputados, no mínimo, 3% (três por cento) dos votos válidos, distribuídos em pelo menos um terço das unidades da Federação, com um mínimo de 2% (dois por cento) dos votos válidos em cada uma delas; ou (Incluído pela Emenda Constitucional nº 97, de 2017)
>
> II - tiverem elegido pelo menos quinze Deputados Federais distribuídos em pelo menos um terço das unidades da Federação. (Incluído pela Emenda Constitucional nº 97, de 2017)

Neste ponto encontramos a chamada cláusula de barreira, destinada a restringir o acesso ao fundo partidário e ao acesso gratuito a rádio e televisão, na forma da lei aos partidos que

i) ou obtiverem no mínimo, 3% dos votos válidos, distribuídos em pelo menos um terço das unidades da Federação, com não menos de 2% dos votos válidos de cada uma delas

ii) ou tiverem elegido ao menos quinze deputados federais, distribuídos em pelo menos um terço das unidades da Federação.

Entretanto, a entrada em vigor desse dispositivo constitucional sujeita-se a uma regra de transição, prevista no art. 3º, da EC 97/2017:

> *Art. 3º O disposto no § 3º do art. 17 da Constituição Federal quanto ao acesso dos partidos políticos aos recursos do fundo partidário e à propaganda gratuita no rádio e na televisão aplicar-se-á a partir das eleições de 2030.*

Parágrafo único. Terão acesso aos recursos do fundo partidário e à propaganda gratuita no rádio e na televisão os partidos políticos que:

I - na legislatura seguinte às eleições de 2018:

a) obtiverem, nas eleições para a Câmara dos Deputados, no mínimo, 1,5% (um e meio por cento) dos votos válidos, distribuídos em pelo menos um terço das unidades da Federação, com um mínimo de 1% (um por cento) dos votos válidos em cada uma delas; ou

b) tiverem elegido pelo menos nove Deputados Federais distribuídos em pelo menos um terço das unidades da Federação;

II - na legislatura seguinte às eleições de 2022:

a) obtiverem, nas eleições para a Câmara dos Deputados, no mínimo, 2% (dois por cento) dos votos válidos, distribuídos em pelo menos um terço das unidades da Federação, com um mínimo de 1% (um por cento) dos votos válidos em cada uma delas; ou

b) tiverem elegido pelo menos onze Deputados Federais distribuídos em pelo menos um terço das unidades da Federação;

III - na legislatura seguinte às eleições de 2026:

a) obtiverem, nas eleições para a Câmara dos Deputados, no mínimo, 2,5% (dois e meio por cento) dos votos válidos, distribuídos em pelo menos um terço das unidades da Federação, com um mínimo de 1,5% (um e meio por cento) dos votos válidos em cada uma delas; ou

b) tiverem elegido pelo menos treze Deputados Federais distribuídos em pelo menos um terço das unidades da Federação.

Foi ainda incluído o §5º, no art. 17:

> *§ 5º Ao eleito por partido que não preencher os requisitos previstos no § 3º deste artigo é assegurado o mandato e facultada a filiação, sem perda do mandato, a outro partido que os tenha atingido, não sendo essa filiação considerada para fins de distribuição dos recursos do fundo partidário e de acesso gratuito ao tempo de rádio e de televisão.*

Ou seja, ao candidato eleito por partido cujos requisitos mínimos de eleição para a Câmara dos Deputados não forem alcançados será assegurado o mandato e facultada a filiação a outro partido sem perda de mandato, mas essa filiação ao novo partido não será considerada para fins de distribuição dos recursos do fundo partidário e do direito de antena.

5. FIDELIDADE PARTIDÁRIA

O Supremo Tribunal Federal assentou a regra da perda do mandato por infidelidade partidária ao sistema eleitoral proporcional. As características do sistema proporcional, com sua ênfase nos votos obtidos pelos partidos, tornam a fidelidade partidária importante para garantir que as opções políticas feitas pelo eleitor no momento da eleição sejam minimamente preservadas. Daí a legitimidade de se decretar a perda do mandato do candidato que abandona a legenda pela qual se elegeu. A edição da Resolução 22.610/2007 do TSE teve como base decisão do STF no julgamento dos Mandados de Segurança (MSs) 26602, 26603 e 26604, ocasião em que foi decidido que o mandato de deputado pertence ao partido e que a desfiliação partidária, ressalvadas as exceções, implica a perda do mandato.

6. QUESTÕES DE PARTIDOS POLÍTICOS

Questão 16: AOCP - Sold (PM TO)/PM TO/2018

ASSUNTO: PARTIDOS POLÍTICOS (ART. 17 DA CF/1988)

Considerando as disposições constitucionais acerca dos partidos políticos, assinale a alternativa correta.

a) É livre a criação, fusão, incorporação e extinção de partidos políticos, resguardados a soberania nacional, o regime democrático, o pluripartidarismo, os direitos fundamentais da pessoa humana e observado o preceito de prestação de contas à Justiça Federal.

b) É assegurada aos partidos políticos autonomia para definir sua estrutura interna e estabelecer regras sobre escolha, formação e duração de seus órgãos permanentes e provisórios, sobre sua organização e funcionamento e para adotar os critérios de escolha e o regime de suas coligações que poderão ser celebradas nas eleições proporcionais, sem obrigatoriedade de vinculação entre as candidaturas em âmbito nacional, estadual, distrital ou municipal, devendo seus estatutos estabelecer normas de disciplina e fidelidade partidária.

c) Um dos preceitos que deve ser observado para a criação, fusão, incorporação e extinção de partidos políticos, resguardados a soberania nacional, o regime democrático, o pluripartidarismo e o direito fundamental da pessoa humana, é a proibição de envio de recursos financeiros para entidade ou governo estrangeiros ou de subordinação a estes.

d) Somente terão direito a recursos do fundo partidário e acesso gratuito ao rádio e à televisão, na forma da lei, os partidos políticos que, cumulativamente, obtiverem, nas eleições para a Câmara dos Deputados, no mínimo, 3% (três por cento) dos votos válidos, distribuídos em pelo menos um terço das unidades da Federação, com um mínimo de 2% (dois por cento) dos votos válidos em cada uma delas e tiverem elegido pelo menos quinze Deputados Federais, distribuídos em pelo menos um terço das unidades da Federação.

e) Ao eleito por partido que não preencher os requisitos previstos no texto constitucional para ter direito a recursos do fundo partidário e acesso gratuito ao rádio e à televisão, é assegurado o mandato e facultada a filiação, sem perda do mandato, a outro partido que os tenha atingido, não sendo essa filiação considerada para fins de distribuição dos recursos do fundo partidário e de acesso gratuito ao tempo de rádio e de televisão.

Questão 17: VUNESP - Inv (PC BA)/PC BA/2018

ASSUNTO: PARTIDOS POLÍTICOS (ART. 17 DA CF/1988)

De acordo com a Constituição, assinale a alternativa correta sobre os partidos políticos.

a) É livre a criação, a fusão e a incorporação de partidos políticos, mas a extinção, em função de sua importância na democracia, exige a aprovação do Poder Público.

b) Poderão possuir caráter regional nos Estados cuja população seja superior a 1 (um) milhão de habitantes.

c) É defeso aos partidos políticos o recebimento de recursos financeiros de entidade ou governo estrangeiros ou de subordinação a estes.

d) Os partidos políticos, após adquirirem personalidade jurídica, na forma da lei civil, registrarão seus estatutos perante o Tribunal Regional Eleitoral da respectiva entidade da federação de sua sede.

e) O acesso aos recursos do fundo partidário e ao rádio e à televisão será destinado a todos os partidos políticos, indiscriminadamente, para garantia da isonomia na representação política.

Questão 18: VUNESP - Proc (PGE SP)/PGE SP/2018

ASSUNTO: PARTIDOS POLÍTICOS (ART. 17 DA CF/1988)

Acerca dos partidos políticos, assinale a alternativa correta.

a) Os partidos políticos não podem estabelecer normas de disciplina e fidelidade partidária, assim como são proibidos de receber recursos financeiros de entidade ou governo estrangeiros ou de subordinação a estes.

b) O direito a recursos do fundo partidário e acesso gratuito ao rádio e à televisão, na forma da lei, é garantido aos partidos políticos que tiverem elegido pelo menos quinze Deputados Federais distribuídos em pelo menos um terço das unidades da Federação.

c) Ao eleito por partido que não preencher os requisitos constitucionais que asseguram o direito ao fundo partidário é vetado filiar-se a outro partido que os tenha atingido, uma vez que a lei procura assegurar a igualdade na distribuição dos recursos e de acesso gratuito ao tempo de rádio e de televisão.

d) A filiação partidária é condição de elegibilidade, cabendo aos partidos políticos, após adquirirem personalidade jurídica de direito público interno no cartório de registro civil do respectivo ente federativo ao qual é vinculado, promover o registro de seus estatutos no Tribunal Regional Eleitoral, ato conhecido como "notícia de criação de partido político".

e) É assegurada aos partidos políticos autonomia para definir o regime de suas coligações nas eleições proporcionais, uma vez que há o vínculo de obrigatoriedade entre as candidaturas em âmbito nacional, estadual, distrital ou municipal.

Questão 19: VUNESP - Ana Jur (MPE SP)/MPE SP/2018

ASSUNTO: PARTIDOS POLÍTICOS (ART. 17 DA CF/1988)

No tocante ao partido político, assinale a alternativa que está em consonância com o disposto na Constituição Federal.

a) Nas suas coligações nas eleições proporcionais é obrigatória a vinculação entre as suas candidaturas em âmbito nacional, estadual, distrital ou municipal.

b) O caráter regional, a prestação de contas à Justiça Eleitoral e o funcionamento parlamentar de acordo com a lei são preceitos que devem nortear a sua criação e atuação.

c) Após adquirir personalidade jurídica, na forma da lei civil, deverá registrar seus estatutos no Tribunal Regional Eleitoral.

d) A eleição de pelo menos quinze Deputados Federais distribuídos em pelo menos um terço das unidades da Federação é um dos requisitos para recebimento de recursos do fundo partidário.

e) O recebimento de recursos financeiros de entidades estrangeiras deve, dentre outras exigências, ser autorizado por lei complementar federal

Questão 20: CESPE - Sold (PM AL)/PM AL/Combatente/2018

ASSUNTO: PARTIDOS POLÍTICOS (ART. 17 DA CF/1988)

Acerca de direitos e garantias fundamentais, julgue o item a seguir.

A utilização de organização paramilitar por determinado partido político em um estado da Federação é permitida desde que autorizada pelo governador desse estado e pelo respectivo tribunal regional eleitoral.

Certo

Errado

7. QUESTÕES COMENTADAS DE PARTIDOS POLÍTICOS

Questão 16: AOCP - Sold (PM TO)/PM TO/2018

ASSUNTO: PARTIDOS POLÍTICOS (ART. 17 DA CF/1988)

Considerando as disposições constitucionais acerca dos partidos políticos, assinale a alternativa correta.

a) É livre a criação, fusão, incorporação e extinção de partidos políticos, resguardados a soberania nacional, o regime democrático, o pluripartidarismo, os direitos fundamentais da pessoa humana e observado o preceito de prestação de contas à Justiça Federal.

b) É assegurada aos partidos políticos autonomia para definir sua estrutura interna e estabelecer regras sobre escolha, formação e duração de seus órgãos permanentes e provisórios, sobre sua organização e funcionamento e para adotar os critérios de escolha e o regime de suas coligações que poderão ser celebradas nas eleições proporcionais, sem obrigatoriedade de vinculação entre as candidaturas em âmbito nacional, estadual, distrital ou municipal, devendo seus estatutos estabelecer normas de disciplina e fidelidade partidária.

c) Um dos preceitos que deve ser observado para a criação, fusão, incorporação e extinção de partidos políticos, resguardados a soberania nacional, o regime democrático, o pluripartidarismo e o direito fundamental da pessoa humana, é a proibição de envio de recursos financeiros para entidade ou governo estrangeiros ou de subordinação a estes.

d) Somente terão direito a recursos do fundo partidário e acesso gratuito ao rádio e à televisão, na forma da lei, os partidos políticos que, cumulativamente, obtiverem, nas eleições para a Câmara dos Deputados, no mínimo, 3% (três por cento) dos votos válidos, distribuídos em pelo menos um terço das unidades da Federação, com um mínimo de 2% (dois por cento) dos votos válidos em cada uma delas e tiverem elegido pelo menos quinze Deputados Federais, distribuídos em pelo menos um terço das unidades da Federação.

e) Ao eleito por partido que não preencher os requisitos previstos no texto constitucional para ter direito a recursos do fundo partidário e acesso gratuito ao rádio e à televisão, é assegurado o mandato e facultada a filiação, sem perda do mandato, a outro partido que os tenha atingido, não sendo essa filiação considerada para fins de distribuição dos recursos do fundo partidário e de acesso gratuito ao tempo de rádio e de televisão.

Gabarito: Letra E.

e) Ao eleito por partido que não preencher os requisitos previstos no texto constitucional para ter direito a recursos do fundo partidário e acesso gratuito ao rádio e à televisão, é assegurado o mandato e facultada a filiação, sem perda do mandato, a outro partido que os tenha atingido, não sendo essa filiação considerada para fins de distribuição dos recursos do fundo partidário e de acesso gratuito ao tempo de rádio e de televisão.

Correto, nos termos do art. 17, § 5º, da Constituição Federal, incluído pela Emenda Constitucional 97/2017, e que assegura a possibilidade de infidelidade partidária sem o correspondente carreamento da quota do fundo partidário e do direito de antena:

Art. 17. É livre a criação, fusão, incorporação e extinção de partidos políticos, resguardados a soberania nacional, o regime democrático, o pluripartidarismo, os direitos fundamentais da pessoa humana e observados os seguintes preceitos:

§ 5º Ao eleito por partido que não preencher os requisitos previstos no § 3º deste artigo é assegurado o mandato e facultada a filiação, sem perda do mandato, a outro partido que os tenha atingido, não sendo essa filiação considerada para fins de distribuição dos recursos do fundo partidário e de acesso gratuito ao tempo de rádio e de televisão.

Questão 17: VUNESP - Inv (PC BA)/PC BA/2018

ASSUNTO: PARTIDOS POLÍTICOS (ART. 17 DA CF/1988)

De acordo com a Constituição, assinale a alternativa correta sobre os partidos políticos.

a) É livre a criação, a fusão e a incorporação de partidos políticos, mas a extinção, em função de sua importância na democracia, exige a aprovação do Poder Público.

b) Poderão possuir caráter regional nos Estados cuja população seja superior a 1 (um) milhão de habitantes.

c) É defeso aos partidos políticos o recebimento de recursos financeiros de entidade ou governo estrangeiros ou de subordinação a estes.

d) Os partidos políticos, após adquirirem personalidade jurídica, na forma da lei civil, registrarão seus estatutos perante o Tribunal Regional Eleitoral da respectiva entidade da federação de sua sede.

e) O acesso aos recursos do fundo partidário e ao rádio e à televisão será destinado a todos os partidos políticos, indiscriminadamente, para garantia da isonomia na representação política.

Gabarito: letra C.

De acordo com a Constituição, assinale a alternativa correta sobre os partidos políticos.

c) É defeso aos partidos políticos o recebimento de recursos financeiros de entidade ou governo estrangeiros ou de subordinação a estes.

Certo. Não erre a questão por conta do adjetivo "defeso", que significa "proibido, interditado, impedido". Correto, nos termos do art. 17, inciso II, da Constituição Federal:

Art. 17. É livre a criação, fusão, incorporação e extinção de partidos políticos, resguardados a soberania nacional, o regime democrático, o pluripartidarismo, os direitos fundamentais da pessoa humana e observados os seguintes preceitos:

I - caráter nacional;

II - proibição de recebimento de recursos financeiros de entidade ou governo estrangeiros ou de subordinação a estes;

III - prestação de contas à Justiça Eleitoral;

IV - funcionamento parlamentar de acordo com a lei.

Questão 18: VUNESP - Proc (PGE SP)/PGE SP/2018

ASSUNTO: PARTIDOS POLÍTICOS (ART. 17 DA CF/1988)

Acerca dos partidos políticos, assinale a alternativa correta.

a) Os partidos políticos não podem estabelecer normas de disciplina e fidelidade partidária, assim como são proibidos de receber recursos financeiros de entidade ou governo estrangeiros ou de subordinação a estes.

b) O direito a recursos do fundo partidário e acesso gratuito ao rádio e à televisão, na forma da lei, é garantido aos partidos políticos que tiverem elegido pelo menos quinze Deputados Federais distribuídos em pelo menos um terço das unidades da Federação.

c) Ao eleito por partido que não preencher os requisitos constitucionais que asseguram o direito ao fundo partidário é vetado filiar-se a outro partido que os tenha atingido, uma vez que a lei procura assegurar a igualdade na distribuição dos recursos e de acesso gratuito ao tempo de rádio e de televisão.

d) A filiação partidária é condição de elegibilidade, cabendo aos partidos políticos, após adquirirem personalidade jurídica de direito público interno no cartório de registro civil do respectivo ente federativo ao qual é vinculado, promover o registro de seus estatutos no Tribunal Regional Eleitoral, ato conhecido como "notícia de criação de partido político".

e) É assegurada aos partidos políticos autonomia para definir o regime de suas coligações nas eleições proporcionais, uma vez que há o vínculo de obrigatoriedade entre as candidaturas em âmbito nacional, estadual, distrital ou municipal.

Questão de altíssimo nível.

b) O direito a recursos do fundo partidário e acesso gratuito ao rádio e à televisão, na forma da lei, é garantido aos partidos políticos que tiverem elegido pelo menos quinze Deputados Federais distribuídos em pelo menos um terço das unidades da Federação.

Questão que exige conhecimento da Emenda Constitucional 97/2017, que deu nova redação ao § 3º do art. 17:

Art. 17....

§ 3º Os partidos políticos têm direito a recursos do fundo partidário e acesso gratuito ao rádio e à televisão, na forma da lei.

§ 3º Somente terão direito a recursos do fundo partidário e acesso gratuito ao rádio e à televisão, na forma da lei, os partidos políticos que alternativamente:

I - obtiverem, nas eleições para a Câmara dos Deputados, no mínimo, 3% (três por cento) dos votos válidos, distribuídos em pelo menos um terço das unidades da Federação, com um mínimo de 2% (dois por cento) dos votos válidos em cada uma delas; ou

II - tiverem elegido pelo menos quinze Deputados Federais distribuídos em pelo menos um terço das unidades da Federação.

Ou seja, foi constitucionalizada a chamada cláusula de barreira, que o STF havia declarado inconstitucional em 2006, a restringir o acesso ao fundo partidário e ao acesso gratuito a rádio e televisão, na forma da lei aos partidos que

i) ou obtiverem no mínimo, 3% dos votos válidos, distribuídos em pelo menos um terço das unidades da Federação, com não menos de 2% dos votos válidos de cada uma delas

ii) ou tiverem elegido ao menos quinze deputados federais, distribuídos em pelo menos um terço das unidades da Federação.

Entretanto, a entrada em vigor desse dispositivo constitucional sujeita-se a uma regra de transição, prevista no art. 3º, da EC 97/2017:

Art. 3º O disposto no § 3º do art. 17 da Constituição Federal quanto ao acesso dos partidos políticos aos recursos do fundo partidário e à propaganda gratuita no rádio e na televisão aplicar-se-á a partir das eleições de 2030.

Parágrafo único. Terão acesso aos recursos do fundo partidário e à propaganda gratuita no rádio e na televisão os partidos políticos que:

I - na legislatura seguinte às eleições de 2018:

a) obtiverem, nas eleições para a Câmara dos Deputados, no mínimo, 1,5% (um e meio por cento) dos votos válidos, distribuídos em pelo menos um terço das unidades da Federação, com um mínimo de 1% (um por cento) dos votos válidos em cada uma delas; ou

b) tiverem elegido pelo menos nove Deputados Federais distribuídos em pelo menos um terço das unidades da Federação;

II - na legislatura seguinte às eleições de 2022:

a) obtiverem, nas eleições para a Câmara dos Deputados, no mínimo, 2% (dois por cento) dos votos válidos, distribuídos em pelo menos um terço das unidades da Federação, com um mínimo de 1% (um por cento) dos votos válidos em cada uma delas; ou

b) tiverem elegido pelo menos onze Deputados Federais distribuídos em pelo menos um terço das unidades da Federação;

III - na legislatura seguinte às eleições de 2026:

a) obtiverem, nas eleições para a Câmara dos Deputados, no mínimo, 2,5% (dois e meio por cento) dos votos válidos, distribuídos em pelo menos um terço das unidades da Federação, com um mínimo de 1,5% (um e meio por cento) dos votos válidos em cada uma delas; ou

b) tiverem elegido pelo menos treze Deputados Federais distribuídos em pelo menos um terço das unidades da Federação.

Portanto, para as eleições de 2018, vale a regra de transição de eleição de pelo menos nove deputados federais em ao menos um terço das unidades da Federação. Entretanto, como o item se referiu à literalidade da Constituição, não se referindo à regra de transição prevista na Emenda, está correto.

Questão 19: VUNESP - Ana Jur (MPE SP)/MPE SP/2018

ASSUNTO: PARTIDOS POLÍTICOS (ART. 17 DA CF/1988)

No tocante ao partido político, assinale a alternativa que está em consonância com o disposto na Constituição Federal.

a) Nas suas coligações nas eleições proporcionais é obrigatória a vinculação entre as suas candidaturas em âmbito nacional, estadual, distrital ou municipal.

b) O caráter regional, a prestação de contas à Justiça Eleitoral e o funcionamento parlamentar de acordo com a lei são preceitos que devem nortear a sua criação e atuação.

c) Após adquirir personalidade jurídica, na forma da lei civil, deverá registrar seus estatutos no Tribunal Regional Eleitoral.

d) A eleição de pelo menos quinze Deputados Federais distribuídos em pelo menos um terço das unidades da Federação é um dos requisitos para recebimento de recursos do fundo partidário.

e) O recebimento de recursos financeiros de entidades estrangeiras deve, dentre outras exigências, ser autorizado por lei complementar federal.

Gabarito: letra D.

No tocante ao partido político, assinale a alternativa que está em consonância com o disposto na Constituição Federal.

d) A eleição de pelo menos quinze Deputados Federais distribuídos em pelo menos um terço das unidades da Federação é um dos requisitos para recebimento de recursos do fundo partidário.

Correto, nos termos do art. 17, § 3º, II, da Constituição Federal, com a redação dada pela Emenda Constitucional 97/2017:

Art. 17................

§ 3º Somente terão direito a recursos do fundo partidário e acesso gratuito ao rádio e à televisão, na forma da lei, os partidos políticos que alternativamente:

I - obtiverem, nas eleições para a Câmara dos Deputados, no mínimo, 3% (três por cento) dos votos válidos, distribuídos em pelo menos um terço das unidades da Federação, com um mínimo de 2% (dois por cento) dos votos válidos em cada uma delas; ou

II - tiverem elegido pelo menos quinze Deputados Federais distribuídos em pelo menos um terço das unidades da Federação.

Só que essas regras não tiveram aplicação imediata. O art. 3º, da Emenda Constitucional 97/2017, estabeleceu uma implementação progressiva da regra do art. 17, § 4º:

Art. 3º O disposto no § 3º do art. 17 da Constituição Federal quanto ao acesso dos partidos políticos aos recursos do fundo partidário e à propaganda gratuita no rádio e na televisão aplicar-se-á a partir das eleições de 2030.

Parágrafo único. Terão acesso aos recursos do fundo partidário e à propaganda gratuita no rádio e na televisão os partidos políticos que:

I - na legislatura seguinte às eleições de 2018:

a) obtiverem, nas eleições para a Câmara dos Deputados, no mínimo, 1,5% (um e meio por cento) dos votos válidos, distribuídos em pelo menos um terço das unidades da Federação, com um mínimo de 1% (um por cento) dos votos válidos em cada uma delas; ou

b) tiverem elegido pelo menos nove Deputados Federais distribuídos em pelo menos um terço das unidades da Federação;

II - na legislatura seguinte às eleições de 2022:

a) obtiverem, nas eleições para a Câmara dos Deputados, no mínimo, 2% (dois por cento) dos votos válidos, distribuídos em pelo menos um terço das unidades da Federação, com um mínimo de 1% (um por cento) dos votos válidos em cada uma delas; ou

b) tiverem elegido pelo menos onze Deputados Federais distribuídos em pelo menos um terço das unidades da Federação;

III - na legislatura seguinte às eleições de 2026:

a) obtiverem, nas eleições para a Câmara dos Deputados, no mínimo, 2,5% (dois e meio por cento) dos votos válidos, distribuídos em pelo menos um terço das unidades da Federação, com um mínimo de 1,5% (um e meio por cento) dos votos válidos em cada uma delas; ou

b) tiverem elegido pelo menos treze Deputados Federais distribuídos em pelo menos um terço das unidades da Federação.

Questão 20: CESPE - Sold (PM AL)/PM AL/Combatente/2018

ASSUNTO: PARTIDOS POLÍTICOS (ART. 17 DA CF/1988)

Acerca de direitos e garantias fundamentais, julgue o item a seguir.

A utilização de organização paramilitar por determinado partido político em um estado da Federação é permitida desde que autorizada pelo governador desse estado e pelo respectivo tribunal regional eleitoral.

Certo

Errado

Gabarito: ERRADO.

O art.17, §4º, da Constituição Federal é resoluto em proibir a utilização de organização paramilitar pelos partidos políticos:

"Art. 17. É livre a criação, fusão, incorporação e extinção de partidos políticos, resguardados a soberania nacional, o regime democrático, o pluripartidarismo, os direitos fundamentais da pessoa humana e observados os seguintes preceitos:

§ 4º É vedada a utilização pelos partidos políticos de organização paramilitar...

CAPÍTULO IV

ORGANIZAÇÃO POLÍTICO-ADMINISTRATIVA

Neste capítulo vamos tratar de um ponto superimportante de nossa Constituição, pois trataremos do chamado Pacto Federativo, ou seja, como se dá a divisão de nosso país entre a União, Estados, Municípios, Direito Federal e Territórios.

1. FORMA DE ESTADO, FORMA DE GOVERNO E SISTEMA DE GOVERNO

Forma de Estado: **Federação**, pois integrado por diversos entes políticos - União, estados, Distrito Federal e municípios -, dotados de autonomia política, e regidos por uma Constituição Federal. Grave que a Federação é cláusula pétrea de nossa Constituição, conforme Art. 60, parágrafo 4º.

Forma de Governo: diz respeito à relação entre governantes e governados no tocante à aquisição e o exercício do poder.

República	Monarquia
Eletividade	Sem Eletividade
Temporalidade dos mandatos	Poder é Vitalício
Responsabilidade de prestar contas	Irresponsabilidade de prestar contas

Cuidado, a forma de governo República que o Brasil adotou não é considerada cláusula pétrea.

Sistema de Governo: Trata-se da relação entre os poderes Executivo e Legislativo.

Presidencialista	Parlamentarista
Independência entre os poderes.	Dependência entre os poderes.
Mandatos por prazo certo.	Mandatos por prazo incerto
Chefia monocrática ou unipessoal.	Chefia Dupla:
Chefe de Estado e Chefe de Governo: Presidente da República.	Chefe de Estado: Presidente, Rei e Rainha.
	Chefe de Governo:
	1º. Ministro

Cuidado, a forma de governo República que o Brasil adotou não é considerada cláusula pétrea.

2. AUTONOMIAS DOS ENTES FEDERATIVOS: UNIÃO, ESTADOS, MUNICÍPIOS E DISTRITO FEDERAL

Agora vamos fazer a leitura do caput do art. 18 da CF/88:

> Art. 18. A organização político-administrativa da **República Federativa** do Brasil compreende a União, os Estados, o Distrito Federal e os Municípios, **todos autônomos**, nos termos desta Constituição.

Veja que o artigo elenca expressamente os entes federativos - a União, os Estados, o Distrito Federal e os Municípios -, deixando patente o fato de que todos eles são dotados de auto-organização, autogoverno e autoadministração.

Só tomem cuidado que as bancas trocam a expressão "todos autônomos"por "todos independentes", fato que tornará a questão errada.

Agora vamos analisar melhor estas expressões muito cobradas em provas:

Auto organização: também chamada de autolegislação ou autonormatização, é a competência da União, dos Estados, DF e dos municípios para elaborarem suas:

Constituições (União, estados) e leis orgânicas (municípios e DF), bem

Própria legislação e normatização, nos limites de sua competência.

Autogoverno: é a competência dos entes federados para organizarem seus Poderes, sem interferência dos demais entes, inclusive por meio de eleições diretas.

Autoadministração: é o exercício das competências administrativas e tributárias definidas na Constituição Federal, nas constituições estaduais e nas leis orgânicas dos municípios. Para organização de seus serviços públicos próprios e de sua máquina administrativa.

3. CAPITAL FEDERAL: BRASÍLIA

Bem, vamos em frente. O art. 18, §1º estabelece que **Brasília é a Capital Federal**.

Cuidado com provas de concursos públicos que adoram confundir que o Distrito Federal é a capital do país, tal assertiva estará errada.

4. TERRITÓRIOS FEDERAIS

Estabelece o § 2º do art. 18:

> *§ 2º - Os Territórios Federais integram a União, e sua criação, transformação em Estado ou reintegração ao Estado de origem serão reguladas em lei complementar.*

Territórios, atualmente o Brasil não possui nenhum, sendo os últimos foram Roraima, Amapá e Fernando de Noronha, são pedaços de terra administrados pela União, com natureza jurídica de autarquias federativas ou também chamados de autarquias territoriais. Só tome cuidado em provas de concursos públicos, jamais diga que os mesmos são entes federativos.

A Constituição Federal disciplina que poderão ser criados novos territórios, por intermédio de **lei complementar** específica. Falaremos deles mais adiante.

5. REORGANIZAÇÃO DE ESTADOS E MUNICÍPIOS

Já os § 3º e 4º do art. 18 tratam da reorganização do espaço territorial de estados e municípios:

> *Art. 18.*
>
> *§ 3º Os Estados podem incorporar-se entre si, subdividir-se ou desmembrar-se para se anexarem a outros, ou formarem novos Estados ou Territórios Federais, mediante aprovação da população diretamente interessada, através de plebiscito, e do Congresso Nacional, por lei complementar.*
>
> *§ 4º A criação, a incorporação, a fusão e o desmembramento de Municípios, far-se-ão por lei estadual, dentro do período determinado por Lei Complementar Federal, e dependerão de consulta prévia, mediante plebiscito, às populações dos Municípios envolvidos, após divulgação dos Estudos de Viabilidade Municipal, apresentados e publicados na forma da lei.*

Estados: Incorporação, Subdivisão, Desmembramento e Novos Estados/Territórios

1) Plebiscito entre as populações envolvidas
2) Lei Complementar Federal

Municípios: Criação, Incorporação, Fusão, Desmembramento

1) Lei Complementar Federal irá estipular prazo.
2) Estudos de Viabilidade Municipal
3) Plebiscito entre as populações envolvidas.
4) Lei Estadual irá criar o novo município ou demais situações.

6. VEDAÇÕES

O Art. 19 da Constituição Federal uma vez ou outra é cobrado em provas, onde aqueles alunos que nunca tiveram conhecimento do mesmo acabam errando questões bestas. Vejamos:

> *Art. 19. É vedado à União, aos Estados, ao Distrito Federal e aos Municípios:*
>
> *I - estabelecer cultos religiosos ou igrejas, subvencioná-los, embaraçar-lhes o funcionamento ou manter com eles ou seus representantes relações de dependência ou aliança, ressalvada, na forma da lei, a colaboração de interesse público;*
>
> *II - recusar fé aos documentos públicos;*
>
> *III - criar distinções entre brasileiros ou preferências entre si.*

Minha orientação é apenas para memorizar o artigo acima, pois ele é extremamente cobrado através de jogo de palavras. Veremos isto melhor no momento das questões ao final do capítulo.

7. BENS DA UNIÃO

A Constituição Federal estabelece no art. 20:

> Art. 20. São bens da União:
>
> I - os que atualmente lhe pertencem e os que lhe vierem a ser atribuídos;
>
> II - as terras devolutas indispensáveis à defesa das fronteiras, das fortificações e construções militares, das vias federais de comunicação e à preservação ambiental, definidas em lei;

Terras devolutas: são aquelas que não possuem título legítimo de propriedade ou que foram devolvidas ao Estado, permanecendo sem dono, e passando a integrar o patrimônio público.

Faixa de Fronteira: faixa de terra de até cento e cinquenta quilômetros de largura, ao longo das fronteiras terrestres (art. 20, § 2º, CF).

> III - os lagos, rios e quaisquer correntes de água em terrenos de seu domínio, ou que banhem mais de um Estado, sirvam de limites com outros países, ou se estendam a território estrangeiro ou dele provenham, bem como os terrenos marginais e as praias fluviais;
>
> IV as ilhas fluviais e lacustres nas zonas limítrofes com outros países; as praias marítimas; as ilhas oceânicas e as costeiras, excluídas, destas, as que contenham a sede de Municípios, exceto aquelas áreas afetadas ao serviço público e a unidade ambiental federal, e as referidas no art. 26, II;
>
> V - os recursos naturais da plataforma continental e da zona econômica exclusiva;

Zona Econômica Exclusiva (ZEE): zona situada além do mar territorial, numa distância de até 200 milhas marítimas das linhas de base de onde se mede o mar territorial. Neste espaço, o Brasil exerce direitos de soberania para fins de exploração e aproveitamento, conservação e gestão dos recursos naturais, vivos ou não vivos das águas sobrejacentes ao leito do mar, do leito do mar e seu subsolo.

Plataforma continental: compreende o leito e o subsolo das áreas submarinas que se estendem em toda a extensão do prolongamento natural do território terrestre, até o bordo exterior da margem continental, ou até uma distância de 200 milhas marítimas das linhas de base, nos casos em que o bordo exterior não atinja essa distância.

> *VI - o mar territorial;*

Mar territorial: é a faixa de mar adjacente com a largura de até 12 milhas marítimas a partir das linhas de base da maré, onde o Brasil exerce soberania ou controle absoluto sobre a massa líquida e o espaço aéreo sobrejacente.

> *VII - os terrenos de marinha e seus acrescidos;*

Terrenos de marinha: são os terrenos banhados pelo mar na distância de até 33 metros terra adentro, contados do preamar médio (médias das marés altas) do ano de 1831, nos termos do art. 13 do Código de Águas (Decreto 24.643/1934).

> *VIII - os potenciais de energia hidráulica;*
>
> *IX - os recursos minerais, inclusive os do subsolo;*
>
> *X - as cavidades naturais subterrâneas e os sítios arqueológicos e pré-históricos;*
>
> *XI - as* **terras tradicionalmente ocupadas pelos índios.**

Lembre-se de que as terras tradicionalmente ocupadas pelos índios, não são todas em que eles habitam. São aquelas terras onde os povos indígenas exercem as suas tradições (art. 231, § 1º, CF).

> Art. 231. São reconhecidos aos índios sua organização social, costumes, línguas, crenças e tradições, e os direitos originários sobre as terras que tradicionalmente ocupam, competindo à União demarcá-las, proteger e fazer respeitar todos os seus bens.
>
> § 1º São terras tradicionalmente ocupadas pelos índios as por eles habitadas em caráter permanente, as utilizadas para suas atividades produtivas, as imprescindíveis à preservação dos recursos ambientais necessários a seu bem-estar e as necessárias a sua reprodução física e cultural, segundo seus usos, costumes e tradições.

8. BENS DOS ESTADOS

Tome muito cuidado para não confundir os bens da União (art. 20), com os bens dos Estados (art. 26):

> Art. 26. Incluem-se entre os bens dos Estados:
>
> I - as águas superficiais ou subterrâneas, fluentes, emergentes e em depósito, ressalvadas, neste caso, na forma da lei, as decorrentes de obras da União;
>
> II - as áreas, nas ilhas oceânicas e costeiras, que estiverem no seu domínio, excluídas aquelas sob domínio da União, Municípios ou terceiros;
>
> III - as ilhas fluviais e lacustres não pertencentes à União;
>
> IV - as terras devolutas não compreendidas entre as da União.

CAPÍTULO V

REPARTIÇÃO DE COMPETÊNCIAS

Posso admitir que aqui temos o assunto que é o verdadeiro terror de todo concurseiro que precisa estudar Direito Constitucional, justamente por isso as bancas procuram cobrar com muita frequência tal assunto.

1. REPARTIÇÃO DE COMPETÊNCIA HORIZONTAL E VERTICAL

Podemos considerar que há dois modelos de repartição de competências: o modelo **horizontal** e o modelo **vertical**.

Na **repartição horizontal**, não há relação de subordinação entre os entes no exercício da competência. É dizer, naquelas matérias, os entes atuam em pé de igualdade (cada um com plena autonomia para exercer aquelas competências).

- *Art. 21. Competência Exclusiva da União*
- *Art. 22. Competência Privativa da União.*
- *Art. 23. Competência Comum da União, Estados, Municípios e Distrito Federal*
- *Art. 25. Competência Residual dos Estados*
- *Art. 30. Competência Exclusiva dos Municípios.*

Na **repartição vertical**, ocorre uma relação de hierarquização no exercício da competência estabelecida pela Constituição. Os entes atuam sobre as mesmas matérias, mas têm níveis diferentes de poder no exercício daquelas competências

- *Art. 24. Competência Concorrente da União e dos Estados.*

2. PRINCÍPIO DA PREDOMINÂNCIA DO INTERESSE

Sempre me perguntam qual o critério adotado pelo Constituinte para definição de competências? Posso dizer que a doutrina foi adotado o Princípio da Predominância do Interesse, por exemplo, matérias de interesse **predominantemente local** foram atribuídas **aos municípios**, matérias de interesse **predominantemente regional**, foram destinadas aos **estados-membros** e as matérias de interesse **predominantemente nacional**, ficaram nas mãos **da União**.

A **predominância do interesse** foi, portanto, o princípio adotado como regra para a repartição de competências pela Constituição Federal de 1988.

3. DISTRIBUIÇÃO DE COMPETÊNCIAS

> **COMPETÊNCIA EXCLUSIVA DA UNIÃO:** Lembre, os casos do artigo 21 da Constituição são INDELEGÁVEIS, ou seja, jamais poderão ser delegadas aos Estados, Municípios e Distrito Federal.

> *Art. 21. Compete à União:*
>
> *I - manter relações com Estados estrangeiros e participar de organizações internacionais;*
>
> *II - declarar a guerra e celebrar a paz;*
>
> *III - assegurar a defesa nacional;*
>
> *IV - permitir, nos casos previstos em lei complementar, que forças estrangeiras transitem pelo território nacional ou nele permaneçam temporariamente;*
>
> *V - decretar o estado de sítio, o estado de defesa e a intervenção federal;*

VI - autorizar e fiscalizar a produção e o comércio de material bélico;

VII - emitir moeda;

VIII - administrar as reservas cambiais do País e fiscalizar as operações de natureza financeira, especialmente as de crédito, câmbio e capitalização, bem como as de seguros e de previdência privada;

IX - elaborar e executar planos nacionais e regionais de ordenação do território e de desenvolvimento econômico e social;

X - manter o serviço postal e o correio aéreo nacional;

Cuidado com caso que encontramos no Art. 22, onde compete privativamente a União legislar sobre serviço postal.

XI - explorar, diretamente ou mediante autorização, concessão ou permissão, os serviços de telecomunicações, nos termos da lei, que disporá sobre a organização dos serviços, a criação de um órgão regulador e outros aspectos institucionais; (Redação dada pela Emenda Constitucional nº 8, de 15/08/95:)

XII - explorar, diretamente ou mediante autorização, concessão ou permissão:

a) os serviços de radiodifusão sonora, e de sons e imagens; (Redação dada pela Emenda Constitucional nº 8, de 15/08/95:)

b) os serviços e instalações de energia elétrica e o aproveitamento energético dos cursos de água, em articulação com os Estados onde se situam os potenciais hidroenergéticos;

c) a navegação aérea, aeroespacial e a infra-estrutura aeroportuária;

d) os serviços de transporte ferroviário e aquaviário entre portos brasileiros e fronteiras nacionais, ou que transponham os limites de Estado ou Território;

e) os serviços de transporte rodoviário interestadual e internacional de passageiros;

CUIDADO: Se vier na prova apenas Trânsito e Transporte a competência é privativa:

Competência Exclusiva da União	Competência Privativa da União
os serviços de transporte rodoviário interestadual e internacional de passageiros;	Trânsito e Transporte.

Tome mais cuidado com a competência do art. 30 (Competência dos Municípios), inciso V e não confunda com as competências acima:

*V - organizar e prestar, diretamente ou sob regime de concessão ou permissão, os serviços públicos de interesse local, incluído o de **transporte coletivo**, que tem caráter essencial;*

f) os portos marítimos, fluviais e lacustres;

XIII - organizar e manter o Poder Judiciário, o Ministério Público do Distrito Federal e dos Territórios e a Defensoria Pública dos Territórios; (Redação dada pela Emenda Constitucional nº 69, de 2012) (Produção de efeito)

XIV - organizar e manter a polícia civil, a polícia militar e o corpo de bombeiros militar do Distrito Federal, bem como prestar assistência financeira ao Distrito Federal para a execução de serviços públicos, por meio de fundo próprio; (Redação dada pela Emenda Constitucional nº 19, de 1998)

XV - organizar e manter os serviços oficiais de estatística, geografia, geologia e cartografia de âmbito nacional;

XVI - exercer a classificação, para efeito indicativo, de diversões públicas e de programas de rádio e televisão;

XVII - conceder anistia;

XVIII - planejar e promover a defesa permanente contra as calamidades públicas, especialmente as secas e as inundações;

XIX - instituir sistema nacional de gerenciamento de recursos hídricos e definir critérios de outorga de direitos de seu uso; (Regulamento)

XX - instituir diretrizes para o desenvolvimento urbano, inclusive habitação, saneamento básico e transportes urbanos;

XXI - estabelecer princípios e diretrizes para o sistema nacional de viação;

XXII - executar os serviços de polícia marítima, aeroportuária e de fronteiras;

Cuidado, se a questão trouxer alguma coisa sobre competência da polícia federal e das rodoviárias e ferroviárias federais, a competência será privativa da União (Art. 22, XXII):

Competência Exclusiva da União	Competência Privativa da União
Executar os serviços de polícia marítima, aeroportuária e de fronteiras;	Competência da polícia federal e das polícias rodoviária e ferroviária federais;

Tome mais cuidado ainda com questões que vão perguntar sobre a organização, garantias, direitos e deveres das polícias civis, que será competência concorrente (art. 24, XVI): **XVI - organização, garantias, direitos e deveres das polícias civis.**

Polícia Marítima, Aeroportuária e de Fronteiras	➢ Competência Exclusiva da União
Polícia Federal, Polícia Rodoviária Federal e Polícia Ferroviária Federal	➢ Competência Privativa da União
Polícias Civis, sobre a organização, garantias, direitos e deveres.	➢ Competência Concorrente da União e Estados.

XXIII - explorar os serviços e instalações nucleares de qualquer natureza e exercer monopólio estatal sobre a pesquisa, a lavra, o enriquecimento e reprocessamento, a industrialização e o comércio de minérios nucleares e seus derivados, atendidos os seguintes princípios e condições:

a) toda atividade nuclear em território nacional somente será admitida para fins pacíficos e mediante aprovação do Congresso Nacional;

b) sob regime de permissão, são autorizadas a comercialização e a utilização de radioisótopos para a pesquisa e usos médicos, agrícolas e industriais;

c) sob regime de permissão, são autorizadas a produção, comercialização e utilização de radioisótopos de meia-vida igual ou inferior a duas horas

d) a responsabilidade civil por danos nucleares independe da existência de culpa;

XXIV - organizar, manter e executar a inspeção do trabalho;

XXV - estabelecer as áreas e as condições para o exercício da atividade de garimpagem, em forma associativa.

➢ **COMPETÊNCIA PRIVATIVA DA UNIÃO:** Todas as competências abaixo são da União, contudo, podem ser delegadas aos Estados e Distrito Federal, mediante LEI COMPLEMENTAR. Tome muito cuidado que as bancas costumam frequentemente trocar lei complementar por lei ordinária.

Por fim, vale ressaltar que a União não poderá realizar essa delegação a apenas um alguns estados-membros, pois isso ofenderia a isonomia federativa, segundo a qual é vedado à União, aos estados, ao Distrito Federal e aos municípios criar preferências entre si (CF, art. 19, III). Quer dizer, a União pode delegar essas competências, mas se o fizer será em favor de todos os estados e do Distrito Federal, sem criar nenhuma distinção entre estes entes federados.

> *Art. 22. Compete privativamente à União legislar sobre:*
>
> *I - direito civil, comercial, penal, processual, eleitoral, agrário, marítimo, aeronáutico, espacial e do trabalho;*

Memorize os direitos abrangidos pela Competência Privativa da União com famoso CAPACETE PM:

C	CIVIL
A	AGRÁRIO
P	PENAL
A	AERONÁUTICO
C	COMERCIAL
E	ELEITORAL
T	TRABALHO
E	ESPACIAL
P	PROCESSUAL
M	MARÍTIMO

> *II - desapropriação;*

III - requisições civis e militares, em caso de iminente perigo e em tempo de guerra;

IV - águas, energia, informática, telecomunicações e radiodifusão;

V - serviço postal;

VI - sistema monetário e de medidas, títulos e garantias dos metais;

VII - política de crédito, câmbio, seguros e transferência de valores;

VIII - comércio exterior e interestadual;

IX - diretrizes da política nacional de transportes;

X - regime dos portos, navegação lacustre, fluvial, marítima, aérea e aeroespacial;

Cuidado não confunda:

Competência Exclusiva da União	Competência Privativa da União
d) os serviços de transporte ferroviário e aquaviário entre portos brasileiros e fronteiras nacionais, ou que transponham os limites de Estado ou Território; f) os portos marítimos, fluviais e lacustres;	X. regime dos portos, navegação lacustre, fluvial, marítima, aérea e aeroespacial;

XI - trânsito e transporte;

XII - jazidas, minas, outros recursos minerais e metalurgia;

XIII - nacionalidade, cidadania e naturalização;

XIV - populações indígenas;

XV - emigração e imigração, entrada, extradição e expulsão de estrangeiros;

XVI - organização do sistema nacional de emprego e condições para o exercício de profissões;

XVII - organização judiciária, do Ministério Público do Distrito Federal e dos Territórios e da Defensoria Pública dos Territórios, bem como organização administrativa destes; (Redação dada pela Emenda Constitucional nº 69, de 2012) (Produção de efeito)

XVIII - sistema estatístico, sistema cartográfico e de geologia nacionais;

XIX - sistemas de poupança, captação e garantia da poupança popular;

XX - sistemas de consórcios e sorteios;

XXI - normas gerais de organização, efetivos, material bélico, garantias, convocação e mobilização das polícias militares e corpos de bombeiros militares;

XXII - competência da polícia federal e das polícias rodoviária e ferroviária federais;

XXIII - seguridade social;

XXIV - diretrizes e bases da educação nacional;

XXV - registros públicos;

XXVI - atividades nucleares de qualquer natureza;

XXVII – normas gerais de licitação e contratação, em todas as modalidades, para as administrações públicas diretas, autárquicas e fundacionais da União, Estados, Distrito Federal e Municípios, obedecido o disposto no art. 37, XXI, e para as empresas públicas e sociedades de economia mista, nos termos do art. 173, § 1º, III; (Redação dada pela Emenda Constitucional nº 19, de 1998)

XXVIII - defesa territorial, defesa aeroespacial, defesa marítima, defesa civil e mobilização nacional;

XXIX - propaganda comercial.

> *Parágrafo único. Lei complementar poderá autorizar os Estados a legislar sobre questões específicas das matérias relacionadas neste artigo.*

➢ **COMPETÊNCIA COMUM DA UNIÃO, ESTADOS, MUNICÍPIOS E DISTRITO FEDERAL:** Tais competências podem ser praticadas ao mesmo tempo por todos os entes federativos.

É muito fácil guardar as competências materiais comuns do art. 23. Lembre-se de que é tudo aquilo que "dá vontade de chorar", questões sensíveis da área social e humana, como proteção do meio ambiente, combate à pobreza, saúde, educação, conservação do patrimônio histórico e patrimônio público, meio ambiente, florestas, fauna e flora, moradia, saneamento, ou seja, tudo o que proporciona bem-estar e vida saudável do ponto de vista individual e coletivo, dentro dos chamados direitos fundamentais de segunda e terceiras dimensões. Os únicos dois incisos nada emocionantes são o XI e o XII que você precisa guardar, que não despertam qualquer emoção.

> *Art. 23. É competência comum da União, dos Estados, do Distrito Federal e dos Municípios:*
>
> *I - zelar pela guarda da Constituição, das leis e das instituições democráticas e conservar o patrimônio público;*
>
> *II - cuidar da saúde e assistência pública, da proteção e garantia das pessoas portadoras de deficiência;*
>
> *III - proteger os documentos, as obras e outros bens de valor histórico, artístico e cultural, os monumentos, as paisagens naturais notáveis e os sítios arqueológicos;*
>
> *IV - impedir a evasão, a destruição e a descaracterização de obras de arte e de outros bens de valor histórico, artístico ou cultural;*
>
> *V - proporcionar os meios de acesso à cultura, à educação, à ciência, à tecnologia, à pesquisa e à*

inovação; (Redação dada pela Emenda Constitucional nº 85, de 2015)

VI - proteger o meio ambiente e combater a poluição em qualquer de suas formas;

VII - preservar as florestas, a fauna e a flora;

VIII - fomentar a produção agropecuária e organizar o abastecimento alimentar;

IX - promover programas de construção de moradias e a melhoria das condições habitacionais e de saneamento básico;

X - combater as causas da pobreza e os fatores de marginalização, promovendo a integração social dos setores desfavorecidos;

XI - registrar, acompanhar e fiscalizar as concessões de direitos de pesquisa e exploração de recursos hídricos e minerais em seus territórios;

XII - estabelecer e implantar política de educação para a segurança do trânsito.

Parágrafo único. Leis complementares fixarão normas para a cooperação entre a União e os Estados, o Distrito Federal e os Municípios, tendo em vista o equilíbrio do desenvolvimento e do bem-estar em âmbito nacional. (Redação dada pela Emenda Constitucional nº 53, de 2006)

> **COMPETÊNCIA CONCORRENTE DA UNIÃO E DOS ESTADOS:**

Tais competências podem ser executadas pela União, onde caberá definir normas gerais sobre os tópicos abaixo, cabendo aos Estados legislarem sobre os mesmos assuntos de forma específica. Mas observe os passos que você procura memorizar:

1º. Passo: União legislará tais assuntos disciplinando normas gerais.

2º. Passo: Estados e Distrito Federal podem legislar sobre os mesmos assuntos disciplinando normas específicas.

3º. Passo: Caso a União não faça a parte dela legislando sobre normas gerais, terão os Estados e Distrito Federal competência plena (legislar sobre normas gerais e específicas).

4ª. Passo: Agora, caso a União resolva legislar sobre algum assunto já legislado por Estado e Distrito Federal, suspenderá a eficácia daquilo que for contrário.

> *Art. 24. Compete à União, aos Estados e ao Distrito Federal legislar concorrentemente sobre:*
>
> *I - direito tributário, financeiro, penitenciário, econômico e urbanístico;*

Memorize o famoso macete mnemônico: FUE PT.

F	FINANCEIRO
U	URBANÍSTICO
E	ECONÔNIMO
P	PENITENCIÁRIO
T	TRIBUTÁRIO

> *II - orçamento;*
>
> *III - juntas comerciais;*
>
> *IV - custas dos serviços forenses;*
>
> *V - produção e consumo;*
>
> *VI - florestas, caça, pesca, fauna, conservação da natureza, defesa do solo e dos recursos naturais, proteção do meio ambiente e controle da poluição;*
>
> *VII - proteção ao patrimônio histórico, cultural, artístico, turístico e paisagístico;*

VIII - responsabilidade por dano ao meio ambiente, ao consumidor, a bens e direitos de valor artístico, estético, histórico, turístico e paisagístico;

IX - educação, cultura, ensino, desporto, ciência, tecnologia, pesquisa, desenvolvimento e inovação; (Redação dada pela Emenda Constitucional nº 85, de 2015)

X - criação, funcionamento e processo do juizado de pequenas causas;

XI - procedimentos em matéria processual;

Aqui temos a maior pegadinhas de todos os tempos que as bancas adoram fazer confusão e muitos concurseiros acabam caindo:

Competência Privativa da União	Competência Concorrente
I - direito civil, comercial, penal, **processual,** eleitoral, agrário, marítimo, aeronáutico, espacial e do trabalho;	XI - procedimentos em matéria processual;

XII - previdência social, proteção e defesa da saúde;

XIII - assistência jurídica e Defensoria pública;

XIV - proteção e integração social das pessoas portadoras de deficiência;

XV - proteção à infância e à juventude;

XVI - organização, garantias, direitos e deveres das polícias civis.

§ 1º No âmbito da legislação concorrente, a competência da União limitar-se-á a estabelecer normas gerais.

§ 2º A competência da União para legislar sobre normas gerais não exclui a competência suplementar dos Estados.

§ 3º *Inexistindo lei federal sobre normas gerais, os Estados exercerão a competência legislativa plena, para atender a suas peculiaridades.*

§ 4º *A superveniência de lei federal sobre normas gerais suspende a eficácia da lei estadual, no que lhe for contrário.*

➢ **COMPETÊNCIA EXCLUSIVA DOS MUNICÍPIOS:** Tratam-se de competências locais dos Municípios.

Art. 30. Compete aos Municípios:

I - legislar sobre assuntos de interesse local;

II - suplementar a legislação federal e a estadual no que couber;

III - instituir e arrecadar os tributos de sua competência, bem como aplicar suas rendas, sem prejuízo da obrigatoriedade de prestar contas e publicar balancetes nos prazos fixados em lei;

IV - criar, organizar e suprimir distritos, observada a legislação estadual;

V - organizar e prestar, diretamente ou sob regime de concessão ou permissão, os serviços públicos de interesse local, incluído o de transporte coletivo, que tem caráter essencial;

VI - manter, com a cooperação técnica e financeira da União e do Estado, programas de educação infantil e de ensino fundamental; (Redação dada pela Emenda Constitucional nº 53, de 2006)

VII - prestar, com a cooperação técnica e financeira da União e do Estado, serviços de atendimento à saúde da população;

VIII - promover, no que couber, adequado ordenamento territorial, mediante planejamento e controle do uso, do parcelamento e da ocupação do solo urbano;

IX - promover a proteção do patrimônio histórico-cultural local, observada a legislação e a ação fiscalizadora federal e estadual.

Vamos agora analisar um tópico muito cobrado que você precisa memorizar.

- **Competência para estipular tempo máximo de espera de clientes em filas de bancos:** Competência dos Municípios.

> *"Definição do tempo máximo de espera de clientes em filas de instituições bancárias. Competência do Município para legislar. Assunto de interesse local. Ratificação da jurisprudência firmada por esta Suprema Corte" (RE 610.221 RG, rel. min. Ellen Gracie, j. 29/4/2010, Plenário).*

- **Competência para fixação de horário de funcionamento das agências bancárias:** Competência Privativa da União.

Súmula 19/STJ: A fixação do horário bancário, para atendimento ao público, é da competência da União.

➤ **COMPTÊNCIA RESIDUAL DOS ESTADOS:** Os Estados não possuem competência expressa na Constituição como acontece com as competências da União e Municípios. Contudo, posso citar algumas competências constantemente cobradas em provas, sendo elas:

• Explorar os serviços locais de gás canalizado.

• Instituir regiões metropolitanas, aglomerações urbanas e microrregiões.

> *Art. 25. Os Estados organizam-se e regem-se pelas Constituições e leis que adotarem, observados os princípios desta Constituição.*

§ 1º São reservadas aos Estados as competências que não lhes sejam vedadas por esta Constituição.

§ 2º Cabe aos Estados explorar diretamente, ou mediante concessão, os serviços locais de gás canalizado, na forma da lei, vedada a edição de medida provisória para a sua regulamentação. (Redação dada pela Emenda Constitucional nº 5, de 1995)

§ 3º Os Estados poderão, mediante lei complementar, instituir regiões metropolitanas, aglomerações urbanas e microrregiões, constituídas por agrupamentos de municípios limítrofes, para integrar a organização, o planejamento e a execução de funções públicas de interesse comum.

➤ COMPETÊNCIA DO DISTRITO FEDERAL: o Distrito Federal, recebeu as competências de interesse predominantemente local (municipais) e regional (estaduais), pois há vedação à sua divisão em municípios (CF, art. 32). Entretanto, você deve ter em mente que nem todas as competências dos estados foram atribuídas ao DF. Afinal, os incisos XIII e XIV do art. 21 estabelecem que compete à União organizar e manter o Poder Judiciário, o Ministério Público do DF e Territórios, a polícia civil, a polícia militar e o corpo de bombeiros militar do Distrito Federal. A defensoria pública do Distrito Federal é agora mantida pelo próprio DF, a partir da Emenda Constitucional 69/2012.

4. PODER LEGISLATIVO DOS ESTADOS E DISTRITO FEDERAL

Vamos começar falando de um assunto bem interessante, entenda que nos Estados é que diferentemente do Poder Legislativo Federal, que é bicameral (Câmara e Senado), nos Estados o Poder Legislativo é exercido pela Assembleia Legislativa e seus deputados estaduais. No Distrito Federal, é exercido pela Câmara Legislativa, composta por deputados distritais.

O número de deputados estaduais na Assembleia é definido pela Constituição, no art. 27. E como se calcula?

1) Pegue o número de deputados federais daquele Estado na Câmara dos Deputados;

2) Em seguida, multiplique esse número por três; se houver mais que 12 deputados federais, multiplique apenas os 12 x 3 = 36;

3) Caso haja mais de 12 deputados federais , acrescente a 36 o número de deputados federais acima de 12 .

4) Caso sejam no máximo 12 deputados federais, vale simplesmente o produto deputados federais x 3 . Pronto, você tem o número de deputados estaduais junto à assembleia legislativa:

Exemplo: O Estado X tem 30 deputados federais na Câmara. O número de deputados estaduais será obtido pela soma de (12 x 3 = 36) mais os 18 deputados federais acima de 12: 36 + 18 = 54 deputados estaduais.

O art. 27 trata da composição do Poder Legislativo estadual, que possui estrutura unicameral.

> *Art. 27. O número de Deputados à Assembléia Legislativa corresponderá ao triplo da representação do Estado na Câmara dos Deputados e, atingido o número de trinta e seis, será acrescido de tantos quantos forem os Deputados Federais acima de doze.*
>
> *§ 1º Será de quatro anos o mandato dos Deputados Estaduais, aplicando- sê-lhes as regras desta Constituição sobre sistema eleitoral, inviolabilidade, imunidades, remuneração, perda de mandato, licença, impedimentos e incorporação às Forças Armadas.*

Quanto ao subsídio dos deputados estaduais (art. 27, § 2º), a regra difere daquela dos deputados federais e vereadores. Na Câmara dos Deputados e na Câmara de Vereadores, é o próprio Poder Legislativo que estabelece os subsídios dos parlamentares, no caso da Câmara Federal, por resolução. Já nas assembleias legislativas estaduais, o subsídio é definido em lei de iniciativa da Assembleia, mas que poderá sofrer sanção ou veto do governador de Estado.

> *Art. 27. § 2º O subsídio dos Deputados Estaduais será fixado por lei de iniciativa da Assembléia Legislativa, na razão de, no máximo, setenta e cinco por cento daquele estabelecido, em espécie, para os Deputados Federais, observado o que dispõem os arts. 39, § 4º, 57, § 7º, 150, II, 153, III, e 153, § 2º, I.*

Sobre o Distrito Federal vejamos o Art. 32 da Constituição:

> *Art. 32. O Distrito Federal, vedada sua divisão em Municípios, reger- se-á por lei orgânica, votada em dois turnos com interstício mínimo de dez dias, e aprovada por dois terços da Câmara Legislativa, que a promulgará, atendidos os princípios estabelecidos nesta Constituição.*
>
> *§ 1º Ao Distrito Federal são atribuídas as competências legislativas reservadas aos Estados e Municípios.*
>
> *§ 2º A eleição do Governador e do Vice-Governador, observadas as regras do art. 77, e dos Deputados Distritais coincidirá com a dos Governadores e Deputados Estaduais, para mandato de igual duração.*
>
> *§ 3º Aos Deputados Distritais e à Câmara Legislativa aplica-se o disposto no art. 27.*
>
> *§ 4º Lei federal disporá sobre a utilização, pelo Governo do Distrito Federal, das polícias civil e militar e do corpo de bombeiros militar.*

Em resumo, compete ao Distrito Federal, por meio de sua Câmara Legislativa:

i) Competência para edição de sua lei orgânica (art. 32, caput);

ii) Competência remanescente dos estados-membros (art. 25, § 1º);

iii) Competência delegada da União (art. 22, parágrafo único);

iv) Competência concorrente e suplementar dos estados-membros (art. 24, §§ 2º e 3º);

v) Competências enumeradas dos municípios (art. 30, I e III a IX);

vi) Competências suplementares dos municípios (art. 30, II);

vii) Competência para instituir impostos municipais (art. 147);

viii) Competência para instituir impostos estaduais (art. 155, caput).

Segundo o § 2º, a eleição do Governador e do Vice-Governador do DF, observadas as regras do art. 77, e dos Deputados Distritais coincidirá com a dos Governadores e Deputados Estaduais, para mandato de igual duração.

5. PODER LEGISLATIVO MUNICIPAL

> *Art. 29. IV - para a composição das Câmaras Municipais, será observado o limite máximo de:*
>
> *a) 9 (nove) Vereadores, nos Municípios de até 15.000 (quinze mil) habitantes; (Redação dada pela Emenda Constitucional nº 58, de 2009)*
>
> *b) 11 (onze) Vereadores, nos Municípios de mais de 15.000 (quinze mil) habitantes e de até 30.000 (trinta mil) habitantes; (Redação dada pela Emenda Constitucional nº 58, de 2009)*
>
> *c) 13 (treze) Vereadores, nos Municípios com mais de 30.000 (trinta mil) habitantes e de até 50.000 (cinquenta mil) habitantes; (Redação dada pela Emenda Constitucional nº 58, de 2009)*

d) 15 (quinze) Vereadores, nos Municípios de mais de 50.000 (cinquenta mil) habitantes e de até 80.000 (oitenta mil) habitantes; (Incluída pela Emenda Constitucional nº 58, de 2009)

e) 17 (dezessete) Vereadores, nos Municípios de mais de 80.000 (oitenta mil) habitantes e de até 120.000 (cento e vinte mil) habitantes; (Incluída pela Emenda Constitucional nº 58, de 2009)

f) 19 (dezenove) Vereadores, nos Municípios de mais de 120.000 (cento e vinte mil) habitantes e de até 160.000 (cento sessenta mil) habitantes; (Incluída pela Emenda Constitucional nº 58, de 2009)

g) 21 (vinte e um) Vereadores, nos Municípios de mais de 160.000 (cento e sessenta mil) habitantes e de até 300.000 (trezentos mil) habitantes; (Incluída pela Emenda Constitucional nº 58, de 2009)

h) 23 (vinte e três) Vereadores, nos Municípios de mais de 300.000 (trezentos mil) habitantes e de até 450.000 (quatrocentos e cinquenta mil) habitantes; (Incluída pela Emenda Constitucional nº 58, de 2009)

i) 25 (vinte e cinco) Vereadores, nos Municípios de mais de 450.000 (quatrocentos e cinquenta mil) habitantes e de até 600.000 (seiscentos mil) habitantes; (Incluída pela Emenda Constitucional nº 58, de 2009)

j) 27 (vinte e sete) Vereadores, nos Municípios de mais de 600.000 (seiscentos mil) habitantes e de até 750.000 (setecentos cinquenta mil) habitantes; (Incluída pela Emenda Constitucional nº 58, de 2009)

k) 29 (vinte e nove) Vereadores, nos Municípios de mais de 750.000 (setecentos e cinquenta mil) habitantes e de até 900.000 (novecentos mil) habitantes; (Incluída pela Emenda Constitucional nº 58, de 2009)

l) 31 (trinta e um) Vereadores, nos Municípios de mais de 900.000 (novecentos mil) habitantes e de até 1.050.000 (um milhão e cinquenta mil) habitantes; (Incluída pela Emenda Constitucional nº 58, de 2009)

m) 33 (trinta e três) Vereadores, nos Municípios de mais de 1.050.000 (um milhão e cinquenta mil) habitantes e de até 1.200.000 (um milhão e duzentos mil) habitantes; (Incluída pela Emenda Constitucional nº 58, de 2009)

n) 35 (trinta e cinco) Vereadores, nos Municípios de mais de 1.200.000 (um milhão e duzentos mil) habitantes e de até 1.350.000 (um milhão e trezentos e cinquenta mil) habitantes; (Incluída pela Emenda Constitucional nº 58, de 2009)

o) 37 (trinta e sete) Vereadores, nos Municípios de 1.350.000 (um milhão e trezentos e cinquenta mil) habitantes e de até 1.500.000 (um milhão e quinhentos mil) habitantes; (Incluída pela Emenda Constitucional nº 58, de 2009)

p) 39 (trinta e nove) Vereadores, nos Municípios de mais de 1.500.000 (um milhão e quinhentos mil) habitantes e de até 1.800.000 (um milhão e oitocentos mil) habitantes; (Incluída pela Emenda Constitucional nº 58, de 2009)

q) 41 (quarenta e um) Vereadores, nos Municípios de mais de 1.800.000 (um milhão e oitocentos mil) habitantes e de até 2.400.000 (dois milhões e quatrocentos mil) habitantes; (Incluída pela Emenda Constitucional nº 58, de 2009)

r) 43 (quarenta e três) Vereadores, nos Municípios de mais de 2.400.000 (dois milhões e quatrocentos mil) habitantes e de até 3.000.000 (três milhões) de habitantes; (Incluída pela Emenda Constitucional nº 58, de 2009)

s) 45 (quarenta e cinco) Vereadores, nos Municípios de mais de 3.000.000 (três milhões) de habitantes e de até 4.000.000 (quatro milhões) de habitantes; (Incluída pela Emenda Constitucional nº 58, de 2009)

t) 47 (quarenta e sete) Vereadores, nos Municípios de mais de 4.000.000 (quatro milhões) de habitantes e de até 5.000.000 (cinco milhões) de habitantes; (Incluída pela Emenda Constitucional nº 58, de 2009)

u) 49 (quarenta e nove) Vereadores, nos Municípios de mais de 5.000.000 (cinco milhões) de habitantes e de até 6.000.000 (seis milhões) de habitantes; (Incluída pela Emenda Constitucional nº 58, de 2009)

v) 51 (cinquenta e um) Vereadores, nos Municípios de mais de 6.000.000 (seis milhões) de habitantes e de até 7.000.000 (sete milhões) de habitantes; (Incluída pela Emenda Constitucional nº 58, de 2009)

w) 53 (cinquenta e três) Vereadores, nos Municípios de mais de 7.000.000 (sete milhões) de habitantes e de até 8.000.000 (oito milhões) de habitantes; e (Incluída pela Emenda Constitucional nº 58, de 2009)

x) 55 (cinquenta e cinco) Vereadores, nos Municípios de mais de 8.000.000 (oito milhões) de habitantes; (Incluída pela Emenda Constitucional nº 58, de 2009).

Subsídio dos vereadores (art. 29, VI, CF):

Art. 29, VI - o subsídio dos Vereadores será fixado pelas respectivas Câmaras Municipais em cada legislatura para a subseqüente, observado o que dispõe esta Constituição, observados os critérios estabelecidos na respectiva Lei Orgânica e os seguintes limites máximos :

Quantidade de habitantes	% máximo do subsídio dos deputados estaduais
até 10 mil	20%
de 10 a 50 mil	30%
de 50 a 100 mil	40%
de 100 a 300 mil	50%
de 300 a 500 mil	60%
mais de 500 mil	75%

Responsabilidade do Prefeito Municipal

Segundo a Constituição Federal, o julgamento de prefeito será perante o **Tribunal de Justiça** (art. 29, X):

> *Art. 29. O Município reger-se-á por lei orgânica, votada em dois turnos, com o interstício mínimo de dez dias, e aprovada por dois terços dos membros da Câmara Municipal, que a promulgará, atendidos os princípios estabelecidos nesta Constituição, na Constituição do respectivo Estado e os seguintes preceitos:*
>
> . . . . .
>
> *X - julgamento do Prefeito perante o Tribunal de Justiça;*

6. DOS TERRITÓRIOS FEDERAIS

Os Territórios Federais integram a União, e sua criação, transformação em Estado ou reintegração ao Estado de origem serão reguladas em lei complementar (CF, art. 18, § 2º). Não são entes federativos, pois constituem simples descentralizações administrativo-territoriais da União, recebendo tratamento constitucional compatível com sua natureza. São considerados autarquias territoriais (dica para sua prova de Direito Administrativo).

Na data de promulgação da CF/1988, existiam três territórios federais: Fernando de Noronha, Amapá e Roraima. O art. 14 do ADCT determinou que os Territórios Federais de Roraima e do Amapá fossem transformados em Estados Federados, mantidos seus atuais limites geográficos. Por sua vez, o Território de Fernando de Noronha foi extinto, sendo sua área incorporada ao Estado de Pernambuco (art. 15, ADCT).

A EC nº 38/2002 determinou a incorporação dos policiais militares do extinto território de Rondônia aos quadros da União, desde que, comprovadamente, se encontrassem no exercício regular de suas funções prestando serviços àquele ex-território na data em que foi transformado em Estado-Membro.

O fato de os territórios federais não disporem de autonomia, pois são simples autarquias territoriais da União, não impediu o constituinte originário de prever a possibilidade destes serem formados a partir do desmembramento de Estados (art. 18, § 3º, CF). Exemplo disso são os inúmeros projetos em trâmite na Câmara dos Deputados, um deles prevendo o desmembramento do Estado do Amazonas e a criação dos territórios do Solimões, Rio Negro e Juruá.

Dispõe o art. 33, da Constituição Federal:

> *Art. 33. A lei disporá sobre a organização administrativa e judiciária dos Territórios.*
>
> *§ 1º Os Territórios poderão ser divididos em Municípios, aos quais se aplicará, no que couber, o disposto no Capítulo IV deste Título.*
>
> *§ 2º As contas do Governo do Território serão submetidas ao Congresso Nacional, com parecer prévio do Tribunal de Contas da União.*
>
> *§ 3º Nos Territórios Federais com mais de cem mil habitantes, além do Governador nomeado na forma desta Constituição, haverá órgãos judiciários de primeira e segunda instância, membros do Ministério Público e defensores públicos federais; a lei disporá sobre as eleições para a Câmara Territorial e sua competência deliberativa.*

7. QUESTÕES DE ORGANIZAÇÃO DO ESTADO

Questão 1: FUNDATEC - Tec Admin (DPE SC)/DPE SC/2018

ASSUNTO: DA ORGANIZAÇÃO POLÍTICO-ADMINISTRATIVA (ARTS. 18 E 19 DA CF/1988)

Quanto à Organização do Estado, analise as seguintes assertivas:

I. Os Territórios Federais integram a União, e sua criação, transformação em Estado ou reintegração ao Estado de origem serão reguladas em lei complementar.

II. Os Estados podem incorporar-se entre si, subdividir-se ou desmembrar-se para se anexarem a outros, ou formarem novos Estados ou Territórios Federais, mediante aprovação da população diretamente interessada, através de plebiscito, e do Congresso Nacional, por lei ordinária.

III. É vedado à União, aos Estados, ao Distrito Federal e aos Municípios criar distinções entre brasileiros ou preferências entre si.

Quais estão corretas?

    a) Apenas I.

    b) Apenas I e II.

    c) Apenas I e III.

    d) Apenas II e III.

    e) I, II e III.

Questão 2: VUNESP - Ana Prev (PAULIPREV)/PAULIPREV/2018

ASSUNTO: DA ORGANIZAÇÃO POLÍTICO-ADMINISTRATIVA (ARTS. 18 E 19 DA CF/1988)

Os Estados podem incorporar-se entre si, subdividir-se ou desmembrar-se para se anexarem a outros,

a) ou formarem novos Estados ou Territórios Federais, mediante aprovação da população diretamente interessada, por meio de referendo, e do Congresso Nacional, por lei delegada.

b) desde que não formem novos Estados ou Territórios Federais, mediante aprovação da população diretamente interessada, por meio de plebiscito, e da Câmara dos Deputados, por lei complementar.

c) ou formarem novos Estados ou Territórios Federais, mediante aprovação da população diretamente interessada, por meio de referendo, e do Senado Federal, por lei complementar.

d) desde que não formem novos Estados, mediante aprovação da população diretamente interessada, por meio de plebiscito, e do Congresso Nacional, por lei ordinária.

e) ou formarem novos Estados ou Territórios Federais, mediante aprovação da população diretamente interessada, por meio de plebiscito, e do Congresso Nacional, por lei complementar.

Questão 3: FCC - APE (TCE-RS)/TCE-RS/Ciências Jurídicas e Sociais, Direito/2018

ASSUNTO: DA ORGANIZAÇÃO POLÍTICO-ADMINISTRATIVA (ARTS. 18 E 19 DA CF/1988)

Suponha que, considerando haver uma demanda represada para organização de novos entes federativos locais e diante

da inércia do Congresso Nacional em legislar sobre a matéria, o Presidente da República edite medida provisória definindo o período dentro do qual poderá ocorrer, mediante lei estadual, criação, incorporação, fusão e desmembramento de municípios.

Nessa hipótese, referida medida provisória seria

a) compatível com a Constituição Federal, por versar sobre matéria de competência legislativa da União, não vedada a medidas provisórias, e observar os requisitos de urgência e relevância para sua edição.

b) incompatível com a Constituição Federal, por versar sobre matéria inserida na competência dos Municípios para legislar sobre assuntos de interesse local.

c) incompatível com a Constituição Federal, por versar sobre matéria de competência legislativa dos Estados, ainda que não reservada a lei complementar.

d) incompatível com a Constituição Federal, por versar sobre matéria de competência legislativa dos Estados, reservada a lei complementar.

e) incompatível com a Constituição Federal, por versar sobre matéria reservada a lei complementar, ainda que de competência legislativa da União.

Questão 4: CESPE - Aux Inst (IPHAN)/IPHAN/Área 1/2018

ASSUNTO: DA ORGANIZAÇÃO POLÍTICO-ADMINISTRATIVA (ARTS. 18 E 19 DA CF/1988)

Com relação à organização político-administrativa da República Federativa do Brasil, julgue o item subsecutivo.

Para que um estado seja incorporado a outro, é necessária consulta prévia à população dos dois estados, por meio de plebiscito.

Certo

Errado

Questão 5: FGV - Ana Leg (ALERO)/ALERO/Administração/2018

ASSUNTO: DA ORGANIZAÇÃO POLÍTICO-ADMINISTRATIVA (ARTS. 18 E 19 DA CF/1988)

A federação é a forma de Estado composta pela associação de múltiplas entidades territoriais autônomas, dotadas de governo próprio, que dividem responsabilidades em diferentes âmbitos.

De acordo com o texto constitucional, o Brasil, considerado um exemplo de Estado federado, não inclui como ente da federação

    a) o Distrito Federal

    b) os Estados

    c) os Municípios

    d) os Territórios federais

    e) a União

Questão 6: FUNDEP - Aud (TCE-MG)/TCE-MG/2018

ASSUNTO: UNIÃO: BENS E COMPETÊNCIAS EXCLUSIVAS, PRIVATIVAS, COMUNS E CONCORRENTES (ARTS. 20 A 24 DA CF/1988)

No tocante aos Estados-membros da República Federativa do Brasil, é correto afirmar:

a) As competências dos Estados-membros são definidas de forma enumerada.

b) As competências dos Estados-membros são definidas de forma indicativa.

c) As competências dos Estados-membros são definidas na forma de poderes remanescentes.

d) Nas matérias de competência privativa da União, os Estados podem legislar autonomamente sobre questões específicas.

e) Nas matérias legislativas de competência concorrente com a União, os Estados podem legislar sobre questões específicas, desde que haja autorização por lei complementar.

Questão 7: FCC - Ass TD (DPE AM)/DPE AM/Assistente Técnico Administrativo/2018

ASSUNTO: UNIÃO: BENS E COMPETÊNCIAS EXCLUSIVAS, PRIVATIVAS, COMUNS E CONCORRENTES (ARTS. 20 A 24 DA CF/1988)

De acordo com a Constituição Federal, a edição de leis em matéria de responsabilidade por dano ao consumidor é de competência

a) concorrente entre União e Estados, cabendo à União estabelecer normas gerais e aos Estados o exercício da competência suplementar.

b) concorrente entre União e Estados, cabendo à União legislar integralmente sobre o tema, estabelecendo normas gerais e específicas, e aos Estados apenas o exercício da competência para editar decretos regulamentares.

c) concorrente entre Estados e Municípios, cabendo aos Estados estabelecer normas específicas e aos Municípios o exercício da competência suplementar, sendo vedado à União dispor sobre o tema.

d) privativa da União, que pode, no entanto, autorizar os Estados, mediante edição de lei complementar, a legislar sobre questões específicas nesse tema.

e) privativa da União, cabendo aos Estados e aos Municípios apenas o exercício da competência para editar decretos regulamentares para a fiel execução da lei federal.

Questão 8: CONSULPLAN - Cons Leg (CM BH)/CM BH/Saúde Pública/2018

ASSUNTO: UNIÃO: BENS E COMPETÊNCIAS EXCLUSIVAS, PRIVATIVAS, COMUNS E CONCORRENTES (ARTS. 20 A 24 DA CF/1988)

De acordo com a Constituição Federal de 1988, a proteção e a defesa da saúde da população brasileira são de competência legislativa

a) privativa da União.

b) comum da União, dos Estados e do Distrito Federal.

c) concorrente à União, aos Estados e ao Distrito Federal.

d) comum da União, dos Estados, do Distrito Federal e dos Municípios

Questão 9: AOCP - TNS (Pref SL)/Pref SL/Direito/2018

ASSUNTO: UNIÃO: BENS E COMPETÊNCIAS EXCLUSIVAS, PRIVATIVAS, COMUNS E CONCORRENTES (ARTS. 20 A 24 DA CF/1988)

Compete à União, aos Estados e ao Distrito Federal legislar concorrentemente sobre

a) jazidas, minas, outros recursos minerais e metalurgia.

b) seguridade social.

c) propaganda comercial.

d) proteção ao patrimônio histórico, cultural, artístico, turístico e paisagístico.

e) regime dos portos, navegação lacustre, fluvial, marítima, aérea e aeroespacial.

Questão 10: CESPE - Ass Port (EMAP)/EMAP/Administrativa/2018

ASSUNTO: UNIÃO: BENS E COMPETÊNCIAS EXCLUSIVAS, PRIVATIVAS, COMUNS E CONCORRENTES (ARTS. 20 A 24 DA CF/1988)

Com relação à organização do Estado, julgue o item a seguir.

A competência para explorar diretamente a infraestrutura aeroportuária no estado do Maranhão é da União.

Certo

Errado

Questão 11: VUNESP - Proc (CM Itaquactba)/CM Itaquaquecetuba/2018

Assunto: União: bens e competências exclusivas, privativas, comuns e concorrentes (arts. 20 a 24 da CF/1988)

Suponha que esteja em trâmite na Câmara de Vereadores do Município X um projeto de lei estabelecendo normas gerais sobre direito urbanístico. O Presidente da Câmara de Vereadores solicita a você um parecer na qualidade de Procurador Jurídico sobre a matéria veiculada no projeto de lei. Nesse caso, é correto afirmar que a lei em questão será:

a) constitucional, pois legislar sobre direito urbanístico é competência legislativa concorrente da União, Estados membros, Distrito Federal e Municípios.

b) constitucional, pois se trata de competência legislativa privativa dos Municípios regulamentar direito urbanístico em assunto de competência local, mesmo no caso de normas gerais.

c) inconstitucional, pois se trata de competência privativa da União legislar sobre direito urbanístico.

d) inconstitucional, uma vez que embora a competência para tratar sobre direito urbanístico seja concorrente entre União, Estados membros, Distrito Federal e Municípios, a lei em questão deveria ter se limitado a regulamentar questões específicas, cabendo a definição de normas gerais apenas à União.

e) inconstitucional, tendo em vista que a competência legislativa concorrente se dá apenas entre a União, Estados membros e Distrito Federal, excluindo-se os Municípios, que apenas terão competência para suplementar a legislação federal e estadual em questões de interesse local.

Questão 12: FGV - Ana Leg (ALERO)/ALERO/Processo Legislativo/2018

ASSUNTO: UNIÃO: BENS E COMPETÊNCIAS EXCLUSIVAS, PRIVATIVAS, COMUNS E CONCORRENTES (ARTS. 20 A 24 DA CF/1988)

O Estado Alfa aprovou a Lei nº 123, dispondo sobre "organização, garantias, direitos e deveres das polícias civis", temática até então ainda não disciplinada em lei da União.

Pouco tempo depois, a União, no exercício de sua competência legislativa, editou a Lei nº 456, de caráter nacional, que dispunha em sentido diametralmente oposto aos artigos 10 a 20 da Lei nº 123.

Considerando a narrativa acima, é correto afirmar que os artigos 10 a 20

a) foram revogados.

b) tiveram a sua eficácia suspensa.

c) permaneceram em pleno vigor, independente de qualquer previsão específica na Lei nº 456.

d) permaneceram em vigor, desde que tal tenha sido expressamente previsto na Lei nº 456.

e) coexistirão com as normas editadas pela União, cabendo ao intérprete identificar a mais adequada ao caso concreto.

Questão 13: FUNDATEC - Tec Leg (ALERS)/ALERS/2018

ASSUNTO: ESTADOS FEDERADOS - ORGANIZAÇÃO, COMPETÊNCIAS, BENS (ARTS. 25 A 28 DA CF/1988)

De acordo com a Constituição Federal da República Federativa do Brasil de 1988, em relação aos Estados Federados, analise as assertivas abaixo e assinale V, se verdadeiras, ou F, se falsas

( ) Será de quatro anos o mandato dos Deputados Estaduais.

( ) O subsídio dos Deputados Estaduais será fixado por lei de iniciativa da Câmara dos Deputados.

( ) Compete às Assembleias Legislativas disporem sobre seu regimento interno.

( ) O subsídio do Governador será fixado por lei de iniciativa da Assembleia Legislativa.

A ordem correta de preenchimento dos parênteses, de cima para baixo, é:

    a) F – V – F – V.

    b) V – F – V – V.

    c) V – F – F – V.

    d) V – F – V – F.

    e) F – V – V – F.

Questão 14: CESPE - Ass Port (EMAP)/EMAP/Administrativa/2018

ASSUNTO: ESTADOS FEDERADOS - ORGANIZAÇÃO, COMPETÊNCIAS, BENS (ARTS. 25 A 28 DA CF/1988)

Com relação à organização do Estado, julgue o item a seguir.

As águas superficiais maranhenses são bens do estado, ainda que, na forma da lei, sejam decorrentes de obras da União.

Certo

Errado

Questão 15: CESPE - AMCI (CGM J Pessoa)/Pref João Pessoa/ Auditoria, Fiscalização, Ouvidoria e Transparência/Geral/2018

ASSUNTO: MUNICÍPIOS - ORGANIZAÇÃO E COMPETÊNCIAS (ARTS. 29 A 31 DA CF/1988)

Considerando o modelo constitucional de repartição das competências e dos bens dos entes federados, julgue o item, a respeito da organização do Estado.

Os municípios podem criar tribunais e conselhos para a fiscalização das contas municipais, na forma da respectiva Lei Orgânica.

Certo

Errado

Questão 16: FGV - AssLM (CM Salvador)/CM Salvador/"Sem Área"/2018

ASSUNTO: MUNICÍPIOS - ORGANIZAÇÃO E COMPETÊNCIAS (ARTS. 29 A 31 DA CF/1988)

Determinado Município do Estado da Bahia tem população de dois milhões, seiscentos e setenta e cinco mil habitantes e ocupa uma área territorial de seiscentos e noventa e três quilômetros quadrados.

Em tema de organização do Poder Legislativo Municipal, a Constituição da República de 1988 estabelece que a Câmara do citado Município deve observar o limite máximo de:

a) vinte e um Vereadores, diante de seu número de habitantes e de sua extensão territorial;

b) vinte e cinco Vereadores, diante de seu número de habitantes;

c) trinta e cinco Vereadores, diante de seu número de habitantes e de sua extensão territorial;

d) quarenta e três Vereadores, diante de seu número de habitantes;

e) cinquenta e cinco Vereadores, diante de seu número de habitantes e de sua extensão territorial.

Questão 17: VUNESP - Ana Prev (PAULIPREV)/PAULIPREV/2018

ASSUNTO: MUNICÍPIOS - ORGANIZAÇÃO E COMPETÊNCIAS (ARTS. 29 A 31 DA CF/1988)

Para a composição das Câmaras Municipais, será observado o limite máximo de

a) 11 (onze) Vereadores, nos Municípios de mais de 15 000 (quinze mil) habitantes e de até 30 000 (trinta mil) habitantes.

b) 15 (quinze) Vereadores, nos Municípios com mais de 30 000 (trinta mil) habitantes e de até 50 000 (cinquenta mil) habitantes.

c) 17 (dezessete) Vereadores, nos Municípios de mais de 50 000 (cinquenta mil) habitantes e de até 80 000 (oitenta mil) habitantes.

d) 19 (dezenove) Vereadores, nos Municípios de mais de 80 000 (oitenta mil) habitantes e de até 120 000 (cento e vinte mil) habitantes.

e) 21 (vinte e um) Vereadores, nos Municípios de mais de 120 000 (cento e vinte mil) habitantes e de até 160 000 (cento e sessenta mil) habitantes.

Questão 18: FUMARC - Aux (CM Pará MG)/CM Pará de Minas/ Administração Comunicação/2018

ASSUNTO: MUNICÍPIOS - ORGANIZAÇÃO E COMPETÊNCIAS (ARTS. 29 A 31 DA CF/1988)

O Poder Legislativo do Município é exercido

a) pela Câmara Municipal e o Juiz da Comarca.

b) pela Câmara Municipal e o Prefeito.

c) pela Câmara Municipal.

d) pelo Prefeito.

Questão 19: FCC - AFT I (São Luís)/Pref SL/Abrangência Geral/2018

ASSUNTO: MUNICÍPIOS - ORGANIZAÇÃO E COMPETÊNCIAS (ARTS. 29 A 31 DA CF/1988)

A lei que aprova o Plano Diretor de determinado Município estabelece como diretriz a impossibilidade de estabelecimentos comerciais do mesmo ramo se instalarem a uma distância menor de 500 metros uns dos outros, nas zonas em que permitida a atividade comercial, sob pena de imposição de multa àqueles que infrinjam a regra. Certa empresa que comercializa roupas femininas visa instalar ponto de venda próprio a cerca de 300 metros de outro estabelecimento do mesmo ramo e pretende adotar medida judicial que impeça a municipalidade de impor a penalidade prevista em lei. Nessa hipótese, à luz da Constituição Federal e da jurisprudência do Supremo Tribunal Federal, ao interessado

a) não cabe adotar medida judicial, uma vez que, ao contemplar a regra em questão no Plano Diretor, o Município exerceu competência privativa para legislar sobre assunto de interesse local.

b) não cabe adotar medida judicial, uma vez que, ao aprovar o Plano Diretor, o Município exerceu competência privativa legislativa e material para promover, no que couber, adequado ordenamento territorial, mediante planejamento e controle da ocupação do solo urbano.

c) cabe impetrar mandado de segurança, visando assegurar que não lhe seja imposta penalidade com base na referida lei, a qual, ao impedir a instalação de estabelecimentos comerciais do mesmo ramo em determinada área, ofendeu o princípio da livre concorrência.

d) não cabe adotar medida judicial, uma vez que, nesse caso, somente poderia fazê-lo para questionar a constitucionalidade da lei por meio de ação direta de inconstitucionalidade, para a qual não é legitimado, embora a proibição constante da lei seja ofensiva ao princípio da livre concorrência.

e) cabe ajuizar reclamação, perante o Supremo Tribunal Federal, por contrariedade a teor de súmula vinculante, segundo a qual ofende o princípio da livre concorrência a lei municipal que impede a instalação de estabelecimentos comerciais do mesmo ramo em determinada área.

Questão 20: VUNESP - Proc Mun (Sorocaba)/Pref Sorocaba/2018

ASSUNTO: MUNICÍPIOS - ORGANIZAÇÃO E COMPETÊNCIAS (ARTS. 29 A 31 DA CF/1988)

Conforme o que estabelece a Constituição Federal, as contas dos Municípios ficarão à disposição de qualquer contribuinte, para exame e apreciação, o qual poderá questionar-lhes a legitimidade, nos termos da lei. Nesse diapasão, obrigatoriamente, as contas municipais devem ficar disponíveis, aos contribuintes, durante

a) trinta dias, semestralmente.

b) trinta dias, anualmente.

c) sessenta dias, semestralmente.

d) sessenta dias, anualmente.

e) noventa dias, anualmente.

8. QUESTÕES COMENTADAS DE ORGANIZAÇÃO DO ESTADO

Questão 1: FUNDATEC - Tec Admin (DPE SC)/DPE SC/2018

ASSUNTO: DA ORGANIZAÇÃO POLÍTICO-ADMINISTRATIVA (ARTS. 18 E 19 DA CF/1988)

Quanto à Organização do Estado, analise as seguintes assertivas:

I. Os Territórios Federais integram a União, e sua criação, transformação em Estado ou reintegração ao Estado de origem serão reguladas em lei complementar.

II. Os Estados podem incorporar-se entre si, subdividir-se ou desmembrar-se para se anexarem a outros, ou formarem novos Estados ou Territórios Federais, mediante aprovação da população diretamente interessada, através de plebiscito, e do Congresso Nacional, por lei ordinária.

III. É vedado à União, aos Estados, ao Distrito Federal e aos Municípios criar distinções entre brasileiros ou preferências entre si.

Quais estão corretas?

a) Apenas I.

b) Apenas I e II.

c) Apenas I e III.

d) Apenas II e III.

e) I, II e III.

Gabarito: Letra C (itens I e III corretos)

Análise dos itens:

I. Os Territórios Federais integram a União, e sua criação, transformação em Estado ou reintegração ao Estado de origem serão reguladas em lei complementar.

Correto, na forma do art. 18, § 2º, da Constituição. Lembrando que os Territórios Federais são autarquias territoriais da União, simples descentralização administrativa, não se constituindo em unidade federativa,

Art. 18. A organização político-administrativa da República Federativa do Brasil compreende a União, os Estados, o Distrito Federal e os Municípios, todos autônomos, nos termos desta Constituição.

§ 1º Brasília é a Capital Federal.

§ 2º Os Territórios Federais integram a União, e sua criação, transformação em Estado ou reintegração ao Estado de origem serão reguladas em lei complementar.

II. Os Estados podem incorporar-se entre si, subdividir-se ou desmembrar-se para se anexarem a outros, ou formarem novos Estados ou Territórios Federais, mediante aprovação da população diretamente interessada, através de plebiscito, e do Congresso Nacional, por lei ordinária.

A lei federal será complementar e não ordinária (art. 18, § 3º, da CF/1988):

Art. 18.....

§ 3º Os Estados podem incorporar-se entre si, subdividir-se ou desmembrar-se para se anexarem a outros, ou formarem novos Estados ou Territórios Federais, mediante aprovação da população diretamente interessada, através de plebiscito, e do Congresso Nacional, por lei complementar.

Em resumo, os passos são os seguintes:

1º) aprovação da população diretamente interessada, através de plebiscito, como condição prévia, essencial e prejudicial, a partir de proposta aprovada no âmbito do Congresso Nacional; o STF já assentou que o termo "população diretamente interessada" corresponde à população total dos estados envolvidos; (ADI, 2.650, rel. Min. Dias Toffoli, julg. 24/8/2011).

2º) manifestação meramente opinativa das assembleias legislativas, cujo parecer não é vinculante; essa manifestação tem por base o art.

4º da Lei 9.709/1998, que regulamenta o plebiscito, o referendo e a iniciativa popular:

Art. 4o A incorporação de Estados entre si, subdivisão ou desmembramento para se anexarem a outros, ou formarem novos Estados ou Territórios Federais, dependem da aprovação da população diretamente interessada, por meio de plebiscito realizado na mesma data e horário em cada um dos Estados, e do Congresso Nacional, por lei complementar, ouvidas as respectivas Assembleias Legislativas.

3º) propositura do projeto de Lei Complementar por qualquer das Casas do Congresso Nacional.

4º) aprovação da lei complementar pelo Congresso Nacional.

III. É vedado à União, aos Estados, ao Distrito Federal e aos Municípios criar distinções entre brasileiros ou preferências entre si.

Certo, na forma do art. 19, III, da Constituição. Somente o poder constituinte (originário ou derivado) poderá fazer essas distinções.

Art. 19. É vedado à União, aos Estados, ao Distrito Federal e aos Municípios:

I - estabelecer cultos religiosos ou igrejas, subvencioná-los, embaraçar-lhes o funcionamento ou manter com eles ou seus representantes relações de dependência ou aliança, ressalvada, na forma da lei, a colaboração de interesse público;

II - recusar fé aos documentos públicos;

III - criar distinções entre brasileiros ou preferências entre si.

Questão 2: VUNESP - Ana Prev (PAULIPREV)/PAULIPREV/2018

ASSUNTO: DA ORGANIZAÇÃO POLÍTICO-ADMINISTRATIVA (ARTS. 18 E 19 DA CF/1988)

Os Estados podem incorporar-se entre si, subdividir-se ou desmembrar-se para se anexarem a outros,

a) ou formarem novos Estados ou Territórios Federais, mediante aprovação da população diretamente interessada, por meio de referendo, e do Congresso Nacional, por lei delegada.

b) desde que não formem novos Estados ou Territórios Federais, mediante aprovação da população diretamente interessada, por meio de plebiscito, e da Câmara dos Deputados, por lei complementar.

c) ou formarem novos Estados ou Territórios Federais, mediante aprovação da população diretamente interessada, por meio de referendo, e do Senado Federal, por lei complementar.

d) desde que não formem novos Estados, mediante aprovação da população diretamente interessada, por meio de plebiscito, e do Congresso Nacional, por lei ordinária.

e) ou formarem novos Estados ou Territórios Federais, mediante aprovação da população diretamente interessada, por meio de plebiscito, e do Congresso Nacional, por lei complementar.

Gabarito: Letra E

e) ou formarem novos Estados ou Territórios Federais, mediante aprovação da população diretamente interessada, por meio de plebiscito, e do Congresso Nacional, por lei complementar. (CORRETO)

O art. 18, §3º, da Constituição Federal prevê os requisitos para o processo de criação dos Estados-Membros, nos exatos termos da alternativa correta:

Art. 18. A organização político-administrativa da República Federativa do Brasil compreende a União, os Estados, o Distrito Federal e os Municípios, todos autônomos, nos termos desta Constituição. (...)

§ 3º Os Estados podem incorporar-se entre si, subdividir-se ou desmembrar-se para se anexarem a outros, ou formarem novos Estados ou Territórios Federais, mediante aprovação da população diretamente interessada, através de plebiscito, e do Congresso Nacional, por lei complementar.

Muito importante é saber que a "população diretamente interessada" deve ser entendida como a população de TODO o Estado-Membro (ou de todo o Município, no caso de seu desmembramento), e não apenas a população da área a ser desmembrada. (Lenza, P. Direito Constitucional Esquematizado, 19ª Ed, 2015, Saraiva, Ebook, pág. 749

Questão 3: FCC - APE (TCE-RS)/TCE-RS/Ciências Jurídicas e Sociais, Direito/2018

ASSUNTO: DA ORGANIZAÇÃO POLÍTICO-ADMINISTRATIVA (ARTS. 18 E 19 DA CF/1988)

Suponha que, considerando haver uma demanda represada para organização de novos entes federativos locais e diante da inércia do Congresso Nacional em legislar sobre a matéria, o Presidente da República edite medida provisória definindo o período dentro do qual poderá ocorrer, mediante lei estadual, criação, incorporação, fusão e desmembramento de municípios.

Nessa hipótese, referida medida provisória seria

    a) compatível com a Constituição Federal, por versar sobre matéria de competência legislativa da União, não vedada a medidas provisórias, e observar os requisitos de urgência e relevância para sua edição.

b) incompatível com a Constituição Federal, por versar sobre matéria inserida na competência dos Municípios para legislar sobre assuntos de interesse local.

c) incompatível com a Constituição Federal, por versar sobre matéria de competência legislativa dos Estados, ainda que não reservada a lei complementar.

d) incompatível com a Constituição Federal, por versar sobre matéria de competência legislativa dos Estados, reservada a lei complementar.

e) incompatível com a Constituição Federal, por versar sobre matéria reservada a lei complementar, ainda que de competência legislativa da União.

Gabarito: letra E.

Suponha que, considerando haver uma demanda represada para organização de novos entes federativos locais e diante da inércia do Congresso Nacional em legislar sobre a matéria, o Presidente da República edite medida provisória definindo o período dentro do qual poderá ocorrer, mediante lei estadual, criação, incorporação, fusão e desmembramento de municípios.

Nessa hipótese, referida medida provisória seria

e) incompatível com a Constituição Federal, por versar sobre matéria reservada a lei complementar, ainda que de competência legislativa da União.

Correto, vez que a Constituição determina em seu art. 18, § 4º:

Art. 18. A organização político-administrativa da República Federativa do Brasil compreende a União, os Estados, o Distrito

Federal e os Municípios, todos autônomos, nos termos desta Constituição.

§ 4º A criação, a incorporação, a fusão e o desmembramento de Municípios, far-se-ão por lei estadual, dentro do período determinado por Lei Complementar Federal, e dependerão de consulta prévia, mediante plebiscito, às populações dos Municípios envolvidos, após divulgação dos Estudos de Viabilidade Municipal, apresentados e publicados na forma da lei.

Em resumo, portanto, estes são os passos, no caso de municípios:

1º) aprovação de lei complementar federal fixando genericamente o período dentro do qual poderá ocorrer a criação, a incorporação, a fusão e o desmembramento de municípios;

2º) aprovação de lei ordinária federal estabelecendo a forma de apresentação e publicação dos estudos de viabilidade municipal;

3º) divulgação dos estudos de viabilidade municipal, na forma estabelecida pela lei ordinária federal acima mencionada;

4º) consulta prévia, mediante plebiscito, às populações dos municípios envolvidos;

5º) aprovação de lei ordinária estadual formalizando a criação, a incorporação, a fusão ou o desmembramento do município, ou dos municípios.

Questão 4: CESPE - Aux Inst (IPHAN)/IPHAN/Área 1/2018

ASSUNTO: DA ORGANIZAÇÃO POLÍTICO-ADMINISTRATIVA (ARTS. 18 E 19 DA CF/1988)

Com relação à organização político-administrativa da República Federativa do Brasil, julgue o item subsecutivo.

Para que um estado seja incorporado a outro, é necessária consulta prévia à população dos dois estados, por meio de plebiscito.

Certo

Errado

Gabarito: certo.

Com relação à organização político-administrativa da República Federativa do Brasil, julgue o item subsecutivo.

Para que um estado seja incorporado a outro, é necessária consulta prévia à população dos dois estados, por meio de plebiscito.

Correto, nos termos do art. 18, § 3º, da Constituição Federal:

Art. 18.............

§ 3º Os Estados podem incorporar-se entre si, subdividir-se ou desmembrar-se para se anexarem a outros, ou formarem novos Estados ou Territórios Federais, mediante aprovação da população diretamente interessada, através de plebiscito, e do Congresso Nacional, por lei complementar.

São estes os passos para modificação territorial de Estados:

1º) aprovação da população diretamente interessada, através de plebiscito, como condição prévia, essencial e prejudicial, a partir de proposta aprovada no âmbito do Congresso Nacional; o STF já assentou que o termo "população diretamente interessada" corresponde à população total dos estados envolvidos; nesse sentido, o Supremo entendeu compatível o art. 7º, da Lei 9.709/1998 com a Constituição Federal, e que se aplica tanto a modificação territorial de estados quanto de municípios (ADI, 2.650, rel. Min. Dias Toffoli, julg. 24/8/2011):

Art. 7º Nas consultas plebiscitárias previstas nos arts. 4º e 5º entende-se por população diretamente interessada tanto a do território que se pretende desmembrar, quanto a do que sofrerá desmembramento; em caso de fusão ou anexação, tanto a população da área que se quer anexar quanto a da que receberá o acréscimo; e a vontade popular se aferirá pelo percentual que se manifestar em relação ao total da população consultada.

2º) manifestação meramente opinativa das assembleias legislativas, cujo parecer não é vinculante; essa manifestação tem por base o art. 4º da Lei 9.709/1998, que regulamenta o plebiscito, o referendo e a iniciativa popular:

Art. 4º A incorporação de Estados entre si, subdivisão ou desmembramento para se anexarem a outros, ou formarem novos Estados ou Territórios Federais, dependem da aprovação da população diretamente interessada, por meio de plebiscito realizado na mesma data e horário em cada um dos Estados, e do Congresso Nacional, por lei complementar, ouvidas as respectivas Assembleias Legislativas.

3º) propositura do projeto de Lei Complementar por qualquer das Casas do Congresso Nacional (Lei 9.709/1998, art. 4º, § 1º):

Art. 4º ....

§ 1º Proclamado o resultado da consulta plebiscitária, sendo favorável à alteração territorial prevista no caput, o projeto de lei complementar respectivo será proposto perante qualquer das Casas do Congresso Nacional.

4º) aprovação da lei complementar pelo Congresso Nacional.

Questão 5: FGV - Ana Leg (ALERO)/ALERO/Administração/2018

ASSUNTO: DA ORGANIZAÇÃO POLÍTICO-ADMINISTRATIVA (ARTS. 18 E 19 DA CF/1988)

A federação é a forma de Estado composta pela associação de múltiplas entidades territoriais autônomas, dotadas de governo próprio, que dividem responsabilidades em diferentes âmbitos.

De acordo com o texto constitucional, o Brasil, considerado um exemplo de Estado federado, não inclui como ente da federação

- a) o Distrito Federal
- b) os Estados
- c) os Municípios
- d) os Territórios federais
- e) a União

Gabarito: Letra D.

Os Territórios não são considerados entidades federativas, e portanto, não são entes da organização político-administrativa do Brasil. Têm natureza jurídica de descentralizações administrativas-territoriais, pertencentes à União (NOVELINO, Marcelo. Curso de Direito Constitucional. 11 ed.p.580).

Neste sentido, o art.18,§2° da Constituição Federal:

"Art. 18. A organização político-administrativa da República Federativa do Brasil compreende a União, os Estados, o Distrito Federal e os Municípios, todos autônomos, nos termos desta Constituição.

§ 2º Os Territórios Federais integram a União, e sua criação, transformação em Estado ou reintegração ao Estado de origem serão reguladas em lei complementar».

Questão 6: FUNDEP - Aud (TCE-MG)/TCE-MG/2018

ASSUNTO: UNIÃO: BENS E COMPETÊNCIAS EXCLUSIVAS, PRIVATIVAS, COMUNS E CONCORRENTES (ARTS. 20 A 24 DA CF/1988)

No tocante aos Estados-membros da República Federativa do Brasil, é correto afirmar:

a) As competências dos Estados-membros são definidas de forma enumerada.

b) As competências dos Estados-membros são definidas de forma indicativa.

c) As competências dos Estados-membros são definidas na forma de poderes remanescentes.

d) Nas matérias de competência privativa da União, os Estados podem legislar autonomamente sobre questões específicas.

e) Nas matérias legislativas de competência concorrente com a União, os Estados podem legislar sobre questões específicas, desde que haja autorização por lei complementar.

Gabarito: C.

c) As competências dos Estados-membros são definidas na forma de poderes remanescentes.

Correto. A Constituição Federal estabeleceu a competência residual (ou remanescente) para os Estados, não taxativa, ou seja, cabe aos

Estados realizar tudo o que não lhe é vedado pela Constituição. É o que o constituinte deixou assente no § 1º do art. 25:

Art. 25. Os Estados organizam-se e regem-se pelas Constituições e leis que adotarem, observados os princípios desta Constituição.

§ 1º - São reservadas aos Estados as competências que não lhes sejam vedadas por esta Constituição.

Mas não é só isso. Para que você não caia em qualquer armadilha que as bancas costumam largar nas questões, lembre-se de que a Constituição estabeleceu duas competências expressas no art. 25, §§ 2º e 3º:

Art. 25..........

§ 2º - Cabe aos Estados explorar diretamente, ou mediante concessão, os serviços locais de gás canalizado, na forma da lei, vedada a edição de medida provisória para a sua regulamentação.

(Perceba que são os serviços locais de gás canalizado, que são de competência estadual. O gás canalizado que vem da Bolívia, por exemplo, é regido por norma federal, da União).

§ 3º - Os Estados poderão, mediante lei complementar, instituir regiões metropolitanas, aglomerações urbanas e microrregiões, constituídas por agrupamentos de municípios limítrofes, para integrar a organização, o planejamento e a execução de funções públicas de interesse comum.

Questão 7: FCC - Ass TD (DPE AM)/DPE AM/Assistente Técnico Administrativo/2018

ASSUNTO: UNIÃO: BENS E COMPETÊNCIAS EXCLUSIVAS, PRIVATIVAS, COMUNS E CONCORRENTES (ARTS. 20 A 24 DA CF/1988)

De acordo com a Constituição Federal, a edição de leis em matéria de responsabilidade por dano ao consumidor é de competência

a) concorrente entre União e Estados, cabendo à União estabelecer normas gerais e aos Estados o exercício da competência suplementar.

b) concorrente entre União e Estados, cabendo à União legislar integralmente sobre o tema, estabelecendo normas gerais e específicas, e aos Estados apenas o exercício da competência para editar decretos regulamentares.

c) concorrente entre Estados e Municípios, cabendo aos Estados estabelecer normas específicas e aos Municípios o exercício da competência suplementar, sendo vedado à União dispor sobre o tema.

d) privativa da União, que pode, no entanto, autorizar os Estados, mediante edição de lei complementar, a legislar sobre questões específicas nesse tema.

e) privativa da União, cabendo aos Estados e aos Municípios apenas o exercício da competência para editar decretos regulamentares para a fiel execução da lei federal.

Gabarito: letra A.

De acordo com a Constituição Federal, a edição de leis em matéria de responsabilidade por dano ao consumidor é de competência

a) concorrente entre União e Estados, cabendo à União estabelecer normas gerais e aos Estados o exercício da competência suplementar.

É o que determina o art. 24, VIII, da Constituição Federal, sendo que no âmbito da competência legislativa concorrente, a competência da União limita-se a legislar sobre normas gerais, cabendo aos Estados e ao DF a competência suplementar. Se a União não legislar, aí os Estados e o DF podem legislar plenamente sobre a matéria. Sobrevindo a lei federal, a lei estadual tem sua eficácia suspensa, no que for contrária à lei da União (parágrafos do art. 22):

Art. 24. Compete à União, aos Estados e ao Distrito Federal legislar concorrentemente sobre:

VIII - responsabilidade por dano ao meio ambiente, ao consumidor, a bens e direitos de valor artístico, estético, histórico, turístico e paisagístico;

§ 1º No âmbito da legislação concorrente, a competência da União limitar-se-á a estabelecer normas gerais.

§ 2º A competência da União para legislar sobre normas gerais não exclui a competência suplementar dos Estados.

§ 3º Inexistindo lei federal sobre normas gerais, os Estados exercerão a competência legislativa plena, para atender a suas peculiaridades.

§ 4º A superveniência de lei federal sobre normas gerais suspende a eficácia da lei estadual, no que lhe for contrário.

Questão 8: CONSULPLAN - Cons Leg (CM BH)/CM BH/Saúde Pública/2018

ASSUNTO: UNIÃO: BENS E COMPETÊNCIAS EXCLUSIVAS, PRIVATIVAS, COMUNS E CONCORRENTES (ARTS. 20 A 24 DA CF/1988)

De acordo com a Constituição Federal de 1988, a proteção e a defesa da saúde da população brasileira são de competência legislativa

   a) privativa da União.

b) comum da União, dos Estados e do Distrito Federal.

c) concorrente à União, aos Estados e ao Distrito Federal.

d) comum da União, dos Estados, do Distrito Federal e dos Municípios.

Gabarito: letra C.

De acordo com a Constituição Federal de 1988, a proteção e a defesa da saúde da população brasileira são de competência legislativa

c) concorrente à União, aos Estados e ao Distrito Federal.

Trata-se, com efeito, de competência legislativa concorrente da União, Estados e DF, nos termos do art. 24, XII, da Constituição Federal:

Art. 24. Compete à União, aos Estados e ao Distrito Federal legislar concorrentemente sobre:

XII - previdência social, proteção e defesa da saúde;

Questão 9: AOCP - TNS (Pref SL)/Pref SL/Direito/2018

ASSUNTO: UNIÃO: BENS E COMPETÊNCIAS EXCLUSIVAS, PRIVATIVAS, COMUNS E CONCORRENTES (ARTS. 20 A 24 DA CF/1988)

Compete à União, aos Estados e ao Distrito Federal legislar concorrentemente sobre

a) jazidas, minas, outros recursos minerais e metalurgia.

b) seguridade social.

c) propaganda comercial.

d) proteção ao patrimônio histórico, cultural, artístico, turístico e paisagístico.

e) regime dos portos, navegação lacustre, fluvial, marítima, aérea e aeroespacial.

Gabarito: Letra D.

O art. 24, da CF/88, determina o rol de competências concorrentes estabelecidas entre à União, aos Estados e ao Distrito Federal, dentre estes a proteção ao patrimônio histórico, cultural, artístico, turístico e paisagístico.

CF/88

Art. 22. Compete privativamente à União legislar sobre:

X – regime dos portos, navegação lacustre, fluvial, marítima, aérea e aeroespacial; (Erro da alternativa "e")

XII – jazidas, minas, outros recursos minerais e metalurgia; (Erro da alternativa "a")

XXIII – seguridade social; (Erro da alternativa "b")

XXIX – propaganda comercial. (Erro da alternativa "c")

Art. 24. Compete à União, aos Estados e ao Distrito Federal legislar concorrentemente sobre:

VII – proteção ao patrimônio histórico, cultural, artístico, turístico e paisagístico;

Questão 10: CESPE - Ass Port (EMAP)/EMAP/Administrativa/2018

ASSUNTO: UNIÃO: BENS E COMPETÊNCIAS EXCLUSIVAS, PRIVATIVAS, COMUNS E CONCORRENTES (ARTS. 20 A 24 DA CF/1988)

Com relação à organização do Estado, julgue o item a seguir.

A competência para explorar diretamente a infraestrutura aeroportuária no estado do Maranhão é da União.

Certo

Errado

Gabarito: certo.

A competência para explorar diretamente a infraestrutura aeroportuária no estado do Maranhão é da União.

Correto consoante o art. 21, XII, "c", da Constituição Federal, que estabelece a competência material exclusiva da União para diretamente, ou por meio de autorização, concessão ou permissão, explorar a infra-estrutura aeroportuária:

Art. 21. Compete à União:

XII - explorar, diretamente ou mediante autorização, concessão ou permissão:

a) os serviços de radiodifusão sonora, e de sons e imagens;

b) os serviços e instalações de energia elétrica e o aproveitamento energético dos cursos de água, em articulação com os Estados onde se situam os potenciais hidroenergéticos;

c) a navegação aérea, aeroespacial e a infra-estrutura aeroportuária;

d) os serviços de transporte ferroviário e aquaviário entre portos brasileiros e fronteiras nacionais, ou que transponham os limites de Estado ou Território;

e) os serviços de transporte rodoviário interestadual e internacional de passageiros;

f) os portos marítimos, fluviais e lacustres;

Questão 11: VUNESP - Proc (CM Itaquactba)/CM Itaquaquecetuba/2018

ASSUNTO: UNIÃO: BENS E COMPETÊNCIAS EXCLUSIVAS, PRIVATIVAS, COMUNS E CONCORRENTES (ARTS. 20 A 24 DA CF/1988)

Suponha que esteja em trâmite na Câmara de Vereadores do Município X um projeto de lei estabelecendo normas gerais sobre direito urbanístico. O Presidente da Câmara de Vereadores solicita a você um parecer na qualidade de Procurador Jurídico sobre a matéria veiculada no projeto de lei. Nesse caso, é correto afirmar que a lei em questão será:

a) constitucional, pois legislar sobre direito urbanístico é competência legislativa concorrente da União, Estados membros, Distrito Federal e Municípios.

b) constitucional, pois se trata de competência legislativa privativa dos Municípios regulamentar direito urbanístico em assunto de competência local, mesmo no caso de normas gerais.

c) inconstitucional, pois se trata de competência privativa da União legislar sobre direito urbanístico.

d) inconstitucional, uma vez que embora a competência para tratar sobre direito urbanístico seja concorrente entre União, Estados membros, Distrito Federal e Municípios, a lei em questão deveria ter se limitado a regulamentar questões específicas, cabendo a definição de normas gerais apenas à União.

e) inconstitucional, tendo em vista que a competência legislativa concorrente se dá apenas entre a União, Estados membros e Distrito Federal, excluindo-se os Municípios, que apenas terão competência para suplementar a legislação federal e estadual em questões de interesse local.

Gabarito: Letra E.

A questão envolve situação hipotética que se refere a competência concorrente para legislar acerca de direito urbanístico (art. 24, I), que conforme determina o art. 24, da CF/88, possui a prerrogativa de utilização de forma conjunta por mais de um ente federativo, estabelecendo a União normas contendo regras gerais e cabendo aos Estados e Distrito Federal a prerrogativa de complementação da legislação federal (competência suplementar), não fazendo parte o Município, motivo pelo qual se trata de lei inconstitucional.

CF/88

Art. 24. Compete à União, aos Estados e ao Distrito Federal legislar concorrentemente sobre:

I – direito tributário, financeiro, penitenciário, econômico e urbanístico;

Questão 12: FGV - Ana Leg (ALERO)/ALERO/Processo Legislativo/2018

ASSUNTO: UNIÃO: BENS E COMPETÊNCIAS EXCLUSIVAS, PRIVATIVAS, COMUNS E CONCORRENTES (ARTS. 20 A 24 DA CF/1988)

O Estado Alfa aprovou a Lei nº 123, dispondo sobre "organização, garantias, direitos e deveres das polícias civis", temática até então ainda não disciplinada em lei da União.

Pouco tempo depois, a União, no exercício de sua competência legislativa, editou a Lei nº 456, de caráter nacional, que dispunha em sentido diametralmente oposto aos artigos 10 a 20 da Lei nº 123.

Considerando a narrativa acima, é correto afirmar que os artigos 10 a 20

    a) foram revogados.

    b) tiveram a sua eficácia suspensa.

    c) permaneceram em pleno vigor, independente de qualquer previsão específica na Lei nº 456.

    d) permaneceram em vigor, desde que tal tenha sido expressamente previsto na Lei nº 456.

    e) coexistirão com as normas editadas pela União, cabendo ao intérprete identificar a mais adequada ao caso concreto.

A alternativa correta é a letra B.

Conforme determina o art.24,XVI, da Constituição Federal, a matéria relativa à organização, garantias, direitos e deveres das polícias civis é de competência concorrente entre a União, Estados e Distrito Federal:

"Art. 24. Compete à União, aos Estados e ao Distrito Federal legislar concorrentemente sobre:

XVI - organização, garantias, direitos e deveres das polícias civis".

A fim de se evitar a sobreposição de competências entre estes entes, o art.24,§1º foi claro ao dispor que no âmbito da legislação concorrente, cabe à União estabelecer normas gerais, o que não exclui a competência suplementar dos Estados e DF:

"Art. 24. Compete à União, aos Estados e ao Distrito Federal legislar concorrentemente sobre:

§ 1º No âmbito da legislação concorrente, a competência da União limitar-se-á a estabelecer normas gerais.

§ 2º A competência da União para legislar sobre normas gerais não exclui a competência suplementar dos Estados».

Todavia, este mesmo dispositivo constitucional estabelece que inexistindo lei federal sobre normas gerais, os Estados exercerão a competência legislativa plena, para atender a suas peculiaridades e caso a União venha, posteriormente, estabelecer normas gerais, a lei estadual terá sua eficácia suspensa.

Neste sentido, o art.24 ,§3º e §4º:

"Art. 24. Compete à União, aos Estados e ao Distrito Federal legislar concorrentemente sobre:

§ 3º Inexistindo lei federal sobre normas gerais, os Estados exercerão a competência legislativa plena, para atender a suas peculiaridades.

§ 4º A superveniência de lei federal sobre normas gerais suspende a eficácia da lei estadual, no que lhe for contrário».

Portanto, em razão dos fundamentos acima apresentados, as demais alternativas devem ser consideradas incorretas.

Questão 13: FUNDATEC - Tec Leg (ALERS)/ALERS/2018

ASSUNTO: ESTADOS FEDERADOS - ORGANIZAÇÃO, COMPETÊNCIAS, BENS (ARTS. 25 A 28 DA CF/1988)

De acordo com a Constituição Federal da República Federativa do Brasil de 1988, em relação aos Estados Federados, analise as assertivas abaixo e assinale V, se verdadeiras, ou F, se falsas

( ) Será de quatro anos o mandato dos Deputados Estaduais.

( ) O subsídio dos Deputados Estaduais será fixado por lei de iniciativa da Câmara dos Deputados.

( ) Compete às Assembleias Legislativas disporem sobre seu regimento interno.

( ) O subsídio do Governador será fixado por lei de iniciativa da Assembleia Legislativa.

A ordem correta de preenchimento dos parênteses, de cima para baixo, é:

a) F – V – F – V.

b) V – F – V – V.

c) V – F – F – V.

d) V – F – V – F.

e) F – V – V – F.

O gabarito é a letra B.

Vamos analisar a veracidade dos itens de cima para baixo, com seus respectivos fundamentos constitucionais:

Item I: Verdadeiro. Está de acordo com o disposto no art. 27,§1º:

"Art. 27. O número de Deputados à Assembléia Legislativa corresponderá ao triplo da representação do Estado na Câmara dos Deputados e, atingido o número de trinta e seis, será acrescido de tantos quantos forem os Deputados Federais acima de doze.

§ 1º Será de quatro anos o mandato dos Deputados Estaduais, aplicando- sê-lhes as regras desta Constituição sobre sistema eleitoral, inviolabilidade, imunidades, remuneração, perda de mandato, licença, impedimentos e incorporação às Forças Armadas··.

Item II: Falso. O subsídio dos Deputados Estaduais será fixado por lei de inciativa da Assembleia Legislativa, e não por iniciativa da Câmara dos Deputados, nos termos do art.27,§2º:

"Art. 27. O número de Deputados à Assembléia Legislativa corresponderá ao triplo da representação do Estado na Câmara dos Deputados e, atingido o número de trinta e seis, será acrescido de tantos quantos forem os Deputados Federais acima de doze.

§ 2º O subsídio dos Deputados Estaduais será fixado por lei de iniciativa da Assembléia Legislativa, na razão de, no máximo, setenta e cinco por cento daquele estabelecido, em espécie, para os Deputados Federais, observado o que dispõem os arts. 39, § 4º, 57, § 7º, 150, II, 153, III, e 153, § 2º'".

Item III: Verdadeiro. Está em consonância com o art.27,§3º:

"Art. 27. O número de Deputados à Assembléia Legislativa corresponderá ao triplo da representação do Estado na Câmara dos Deputados e, atingido o número de trinta e seis, será acrescido de tantos quantos forem os Deputados Federais acima de doze.

§ 3º Compete às Assembléias Legislativas dispor sobre seu regimento interno, polícia e serviços administrativos de sua secretaria, e prover os respectivos cargos".

Item IV: Verdadeiro. Está de acordo com o disposto no art.28,§2º:

"Art. 28. A eleição do Governador e do Vice-Governador de Estado, para mandato de quatro anos, realizar-se-á no primeiro domingo de outubro, em primeiro turno, e no último domingo de outubro, em segundo turno, se houver, do ano anterior ao do término do mandato de seus antecessores, e a posse ocorrerá em primeiro de janeiro do ano subseqüente, observado, quanto ao mais, o disposto no art. 77.

§ 2º Os subsídios do Governador, do Vice-Governador e dos Secretários de Estado serão fixados por lei de iniciativa da Assembléia Legislativa, observado o que dispõem os arts. 37, XI, 39, § 4º, 150, II, 153, III, e 153, § 2º".

Gabarito: Letra B.

Questão 14: CESPE - Ass Port (EMAP)/EMAP/Administrativa/2018

ASSUNTO: ESTADOS FEDERADOS - ORGANIZAÇÃO, COMPETÊNCIAS, BENS (ARTS. 25 A 28 DA CF/1988)

Com relação à organização do Estado, julgue o item a seguir.

As águas superficiais maranhenses são bens do estado, ainda que, na forma da lei, sejam decorrentes de obras da União.

Certo

Errado

Gabarito: errado.

As águas superficiais maranhenses são bens do estado, ainda que, na forma da lei, sejam decorrentes de obras da União.

As águas superficiais que, por força de lei, foram decorrentes de obras da União (barragens, hidrelétricas, represas) são bens da União (art. 26, I, CF):

Art. 26. Incluem-se entre os bens dos Estados:

I - as águas superficiais ou subterrâneas, fluentes, emergentes e em depósito, ressalvadas, neste caso, na forma da lei, as decorrentes de obras da União;

Lembre-se ainda de que, em relação a águas:

Art. 20. São bens da União:

III - os lagos, rios e quaisquer correntes de água em terrenos de seu domínio, ou que banhem mais de um Estado, sirvam de limites com outros países, ou se estendam a território estrangeiro ou dele provenham, bem como os terrenos marginais e as praias fluviais;

IV as ilhas fluviais e lacustres nas zonas limítrofes com outros países; as praias marítimas; as ilhas oceânicas e as costeiras, excluídas, destas, as que contenham a sede de Municípios, exceto aquelas áreas afetadas ao serviço público e a unidade ambiental federal, e as referidas no art. 26, II;

V - os recursos naturais da plataforma continental e da zona econômica exclusiva;

VI - o mar territorial;

VII - os terrenos de marinha e seus acrescidos;

VIII - os potenciais de energia hidráulica;

A esse respeito, guarde:

Mar territorial: é a faixa de mar adjacente com a largura de até 12 milhas marítimas a partir das linhas de base da maré, onde o Brasil exerce soberania ou controle absoluto sobre a massa líquida e o espaço aéreo sobrejacente.

Zona Econômica Exclusiva (ZEE): zona situada além do mar territorial, numa distância de até 200 milhas marítimas das linhas de base de onde se mede o mar territorial. Neste espaço, o Brasil exerce direitos de soberania para fins de exploração e aproveitamento, conservação e gestão dos recursos naturais, vivos ou não vivos das águas sobrejacentes ao leito do mar, do leito do mar e seu subsolo.

Plataforma continental: compreende o leito e o subsolo das áreas submarinas que se estendem em toda a extensão do prolongamento natural do território terrestre, até o bordo exterior da margem continental, ou até uma distância de 200 milhas marítimas das linhas de base, nos casos em que o bordo exterior não atinja essa distância.

Terrenos de marinha: são os terrenos banhados pelo mar na distância de até 33 metros terra adentro, contados do preamar médio (médias das marés altas) do ano de 1831, nos termos do art. 13 do Código de Águas (Decreto 24.643/1934).

Questão 15: CESPE - AMCI (CGM J Pessoa)/Pref João Pessoa/ Auditoria, Fiscalização, Ouvidoria e Transparência/Geral/2018

ASSUNTO: MUNICÍPIOS - ORGANIZAÇÃO E COMPETÊNCIAS (ARTS. 29 A 31 DA CF/1988)

Considerando o modelo constitucional de repartição das competências e dos bens dos entes federados, julgue o item, a respeito da organização do Estado.

Os municípios podem criar tribunais e conselhos para a fiscalização das contas municipais, na forma da respectiva Lei Orgânica.

Certo

Errado

Gabarito: errado.

Os municípios podem criar tribunais e conselhos para a fiscalização das contas municipais, na forma da respectiva Lei Orgânica.

Errado, pois o art. 31, § 4º da Constituição Federal veda a criação de órgãos de contas municipais:

Art. 31. A fiscalização do Município será exercida pelo Poder Legislativo Municipal, mediante controle externo, e pelos sistemas de controle interno do Poder Executivo Municipal, na forma da lei.

§ 1º - O controle externo da Câmara Municipal será exercido com o auxílio dos Tribunais de Contas dos Estados ou do Município ou dos Conselhos ou Tribunais de Contas dos Municípios, onde houver.

§ 2º - O parecer prévio, emitido pelo órgão competente sobre as contas que o Prefeito deve anualmente prestar, só deixará de prevalecer por decisão de dois terços dos membros da Câmara Municipal.

§ 3º - As contas dos Municípios ficarão, durante sessenta dias, anualmente, à disposição de qualquer contribuinte, para exame e apreciação, o qual poderá questionar-lhes a legitimidade, nos termos da lei.

§ 4º - É vedada a criação de Tribunais, Conselhos ou órgãos de Contas Municipais.

A ordem contida no § 4º do art. 31 diz que não poderão ser criados Tribunais ou órgãos de contas de um município apenas. Atualmente, só existem dois desses tribunais: o Tribunal de Contas do Município de São Paulo e o do Município do Rio de Janeiro. E é só.

Agora, não confunda isso com os tribunais de contas dos municípios. Esses fiscalizam as contas de todos os municípios do Estado, e podem ainda ser criados. Atualmente, existem três, são os tribunais de contas dos Municípios dos Estados da Bahia, do Pará e de Goiás.

Questão 16: FGV - AssLM (CM Salvador)/CM Salvador/"Sem Área"/2018

ASSUNTO: MUNICÍPIOS - ORGANIZAÇÃO E COMPETÊNCIAS (ARTS. 29 A 31 DA CF/1988)

Determinado Município do Estado da Bahia tem população de dois milhões, seiscentos e setenta e cinco mil habitantes e ocupa uma área territorial de seiscentos e noventa e três quilômetros quadrados.

Em tema de organização do Poder Legislativo Municipal, a Constituição da República de 1988 estabelece que a Câmara do citado Município deve observar o limite máximo de:

a) vinte e um Vereadores, diante de seu número de habitantes e de sua extensão territorial;

b) vinte e cinco Vereadores, diante de seu número de habitantes;

c) trinta e cinco Vereadores, diante de seu número de habitantes e de sua extensão territorial;

d) quarenta e três Vereadores, diante de seu número de habitantes;

e) cinquenta e cinco Vereadores, diante de seu número de habitantes e de sua extensão territorial.

Gabarito: letra D.

Determinado Município do Estado da Bahia tem população de dois milhões, seiscentos e setenta e cinco mil habitantes e ocupa uma área territorial de seiscentos e noventa e três quilômetros quadrados.

d) quarenta e três Vereadores, diante de seu número de habitantes;

A Emenda Constitucional 58/2009, que alterou o inciso IV do art. 29, tornou virtualmente impossível decorar as 24 faixas de número de vereadores em função da população dos municípios. Detalhado escalonamento ocorre também com relação aos limites de gasto com pessoal no Poder Legislativo Municipal. Para facilitar sua vida, estabelecemos um esquema com os principais índices.

Portanto, quanto ao número de vereadores, guarde os limites mínimo e máximo (art. 29, IV, CF):

	VEREADORES	HABITANTES
Faixa Mínima	9	até 15 mil
Faixa máxima	55	até 8 milhões.

Questão 17: VUNESP - Ana Prev (PAULIPREV)/PAULIPREV/2018

ASSUNTO: MUNICÍPIOS - ORGANIZAÇÃO E COMPETÊNCIAS (ARTS. 29 A 31 DA CF/1988)

Para a composição das Câmaras Municipais, será observado o limite máximo de

a) 11 (onze) Vereadores, nos Municípios de mais de 15 000 (quinze mil) habitantes e de até 30 000 (trinta mil) habitantes.

b) 15 (quinze) Vereadores, nos Municípios com mais de 30 000 (trinta mil) habitantes e de até 50 000 (cinquenta mil) habitantes.

c) 17 (dezessete) Vereadores, nos Municípios de mais de 50 000 (cinquenta mil) habitantes e de até 80 000 (oitenta mil) habitantes.

d) 19 (dezenove) Vereadores, nos Municípios de mais de 80 000 (oitenta mil) habitantes e de até 120 000 (cento e vinte mil) habitantes.

e) 21 (vinte e um) Vereadores, nos Municípios de mais de 120 000 (cento e vinte mil) habitantes e de até 160 000 (cento e sessenta mil) habitantes.

Gabarito: A

a) 11 (onze) Vereadores, nos Municípios de mais de 15 000 (quinze mil) habitantes e de até 30 000 (trinta mil) habitantes. (CORRETO)

Infelizmente trata-se de uma questão que é pura decoreba, limitando-se ao aporte de números referentes ao número de vereadores proporcional ao número de habitantes de cada cidade. Vejamos:

Art. 29. O Município reger-se-á por lei orgânica, votada em dois turnos, com o interstício mínimo de dez dias, e aprovada por dois terços dos membros da Câmara Municipal, que a promulgará, atendidos os princípios estabelecidos nesta Constituição, na Constituição do respectivo Estado e os seguintes preceitos: (...)

IV - para a composição das Câmaras Municipais, será observado o limite máximo de: (...)

b) 11 (onze) Vereadores, nos Municípios de mais de 15.000 (quinze mil) habitantes e de até 30.000 (trinta mil) habitantes;

Questão 18: FUMARC - Aux (CM Pará MG)/CM Pará de Minas/ Administração Comunicação/2018

ASSUNTO: MUNICÍPIOS - ORGANIZAÇÃO E COMPETÊNCIAS (ARTS. 29 A 31 DA CF/1988)

O Poder Legislativo do Município é exercido

a) pela Câmara Municipal e o Juiz da Comarca.

b) pela Câmara Municipal e o Prefeito.

c) pela Câmara Municipal.

d) pelo Prefeito.

Gabarito: letra C.

c) pela Câmara Municipal.

Com efeito, em todos os municípios, o Poder Legislativo é exercido pela Câmara de Vereadores ou Câmara Municipal. O Poder Executivo, pelo Prefeito Municipal, auxiliado pelos Secretários Municipais (os secretários não integram a titularidade do Poder Executivo, apenas o Prefeito).

Mas, o juiz da comarca municipal? Ele não é uma "autoridade" municipal, junto com o delegado, o tabelião, o padre, a zeladora do altar do coração de Jesus e o gerente do banco? Não, esse é um juiz de primeira instância ou primeira entrância, vinculado a um tribunal de justiça estadual. É, portanto, um órgão judiciário estadual e não municipal.

Questão 19: FCC - AFT I (São Luís)/Pref SL/Abrangência Geral/2018

ASSUNTO: MUNICÍPIOS - ORGANIZAÇÃO E COMPETÊNCIAS (ARTS. 29 A 31 DA CF/1988)

A lei que aprova o Plano Diretor de determinado Município estabelece como diretriz a impossibilidade de estabelecimentos comerciais do mesmo ramo se instalarem a uma distância menor de 500 metros uns dos outros, nas zonas em que permitida a atividade comercial, sob pena de imposição de multa àqueles que infrinjam a regra. Certa empresa que comercializa roupas femininas visa instalar ponto de venda próprio a cerca de 300 metros de outro estabelecimento do mesmo ramo e pretende adotar medida judicial que impeça a municipalidade de impor a penalidade prevista em lei. Nessa hipótese, à luz da Constituição Federal e da jurisprudência do Supremo Tribunal Federal, ao interessado

a) não cabe adotar medida judicial, uma vez que, ao contemplar a regra em questão no Plano Diretor, o Município exerceu competência privativa para legislar sobre assunto de interesse local.

b) não cabe adotar medida judicial, uma vez que, ao aprovar o Plano Diretor, o Município exerceu competência privativa legislativa e material para promover, no que couber, adequado ordenamento territorial, mediante planejamento e controle da ocupação do solo urbano.

c) cabe impetrar mandado de segurança, visando assegurar que não lhe seja imposta penalidade com base na referida lei, a qual, ao impedir a instalação de estabelecimentos comerciais do mesmo ramo em determinada área, ofendeu o princípio da livre concorrência.

d) não cabe adotar medida judicial, uma vez que, nesse caso, somente poderia fazê-lo para questionar a constitucionalidade da lei por meio de ação direta de inconstitucionalidade, para a qual não é legitimado, embora a proibição constante da lei seja ofensiva ao princípio da livre concorrência.

e) cabe ajuizar reclamação, perante o Supremo Tribunal Federal, por contrariedade a teor de súmula vinculante, segundo a qual ofende o princípio da livre concorrência a lei municipal que impede a instalação de estabelecimentos comerciais do mesmo ramo em determinada área.

Questão caberia recurso.

A lei que aprova o Plano Diretor de determinado Município estabelece como diretriz a impossibilidade de estabelecimentos comerciais do mesmo ramo se instalarem a uma distância menor de 500 metros uns dos outros, nas zonas em que permitida a atividade comercial, sob pena de imposição de multa àqueles que infrinjam a regra. Certa empresa que comercializa roupas femininas visa instalar ponto de venda próprio a cerca de 300 metros de outro estabelecimento do mesmo ramo e pretende adotar medida judicial que impeça a municipalidade de impor a penalidade prevista em lei. Nessa hipótese, à luz da Constituição Federal e da jurisprudência do Supremo Tribunal Federal, ao interessado

c) cabe impetrar mandado de segurança, visando assegurar que não lhe seja imposta penalidade com base na referida lei, a qual, ao impedir a instalação de estabelecimentos comerciais do mesmo ramo em determinada área, ofendeu o princípio da livre concorrência.

Correto. O interessado poderá impetrar o mandamus em função do direito líquido e certo (art. 5º, LXIX, CF) de que dispõe o estabelecimento que vende roupas femininas de não sofrer penalidade administrativa, ainda que por instalar seu comércio a menos de 500 metros de outro estabelecimento análogo. Esse direito se assenta no princípio da livre concorrência, previsto no art. 170, V, da Constituição e na jurisprudência do Supremo.

Art. 5º.......

LXIX - conceder-se-á mandado de segurança para proteger direito líquido e certo, não amparado por habeas corpus ou habeas data, quando o responsável pela ilegalidade ou abuso de poder for autoridade pública ou agente de pessoa jurídica no exercício de atribuições do Poder Público;

Art. 170. A ordem econômica, fundada na valorização do trabalho humano e na livre iniciativa, tem por fim assegurar a todos existência digna, conforme os ditames da justiça social, observados os seguintes princípios:

I - soberania nacional;

II - propriedade privada;

III - função social da propriedade;

IV - livre concorrência;

V - defesa do consumidor;

É dizer, o município pode dispor sobre o zoneamento urbano? Perfeitamente, inclusive dispõe do Plano Diretor, que é o instrumento básico da política de desenvolvimento e de expansão urbana, nos termos do art. 182, § 1º, da CF. Não pode, entretanto, estabelecer distância mínima entre farmácias, padarias, supermercados conforme já se pronunciou o STF (RE 193.749, Redator para acórdão Ministro Maurício Corrêa, Tribunal Pleno, julgamento em 4/6/1998).

Os precedentes do Supremo nessa matéria foram consolidados em súmula vinculante:

Súmula Vinculante 49/STF:

Ofende o princípio da livre concorrência lei municipal que impede a instalação de estabelecimentos comerciais do mesmo ramo em determinada área.

Questão 20: VUNESP - Proc Mun (Sorocaba)/Pref Sorocaba/2018

ASSUNTO: MUNICÍPIOS - ORGANIZAÇÃO E COMPETÊNCIAS (ARTS. 29 A 31 DA CF/1988)

Conforme o que estabelece a Constituição Federal, as contas dos Municípios ficarão à disposição de qualquer contribuinte, para exame e apreciação, o qual poderá questionar-lhes a legitimidade, nos termos da lei. Nesse diapasão, obrigatoriamente, as contas municipais devem ficar disponíveis, aos contribuintes, durante

    a) trinta dias, semestralmente.

    b) trinta dias, anualmente.

    c) sessenta dias, semestralmente.

    d) sessenta dias, anualmente.

    e) noventa dias, anualmente.

Gabarito: Letra D.

Dentre os instrumentos vinculados a necessária transparência nas contas do Município, o art. 31, § 3º, da CF/88, estabelece a obrigatoriedade das mesmas ficarem no prazo de sessenta dias a disposição dos contribuintes para exame e apreciação, se possível ocorrer o questionamento quanto a sua legitimidade.

CF/88

Art. 31. A fiscalização do Município será exercida pelo Poder Legislativo Municipal, mediante controle externo, e pelos sistemas de controle interno do Poder Executivo Municipal, na forma da lei.

§ 3º As contas dos Municípios ficarão, durante sessenta dias, anualmente, à disposição de qualquer contribuinte, para exame e apreciação, o qual poderá questionar-lhes a legitimidade, nos termos da lei.

SOBRE O AUTOR

Meu nome é Fábio Silva, marido de Anne Louise e pai da Valentina Silva, atualmente exerço a profissão de Delegado de Polícia Civil no Estado do Amazonas, entretanto já logrei aprovação em outros concursos públicos, como por exemplo para Analista do Tribunal de Justiça do Amazonas.

Ministro aulas para concursos públicos há mais de 10 anos nas disciplinas direito administrativo e constitucional, bem como legislações especiais.

Conto com milhares de concurseiros nas redes sociais, onde ministro aulas e dicas gratuitamente:

Canal Youtube: Sou Concurseiro e Vou Passar

Instagram: @souconcurseiro ou @deltafabiosilva

Facebook: Sou Concurseiro e Vou Passar

Minha maior missão como professor nesta vida de concursos públicos é motivar meus alunos no sentido que é possível alcançar a aprovação, que existe um novo futuro após está tempestade na sua vida chamada: preparação para concurso público.

Grande abraço!!!

Professor Fábio Silva

Qualquer dúvida, vai ser um prazer enorme poder ajudar no que for possível, me mande um WhatsApp: (92) 98233-4300.

www.ingramcontent.com/pod-product-compliance
Lightning Source LLC
Chambersburg PA
CBHW051307220526
45468CB00004B/1241